utb 5710

**Eine Arbeitsgemeinschaft der Verlage**

Böhlau Verlag · Wien · Köln · Weimar
Verlag Barbara Budrich · Opladen · Toronto
facultas · Wien
Wilhelm Fink · Paderborn
Narr Francke Attempto Verlag / expert verlag · Tübingen
Haupt Verlag · Bern
Verlag Julius Klinkhardt · Bad Heilbrunn
Mohr Siebeck · Tübingen
Ernst Reinhardt Verlag · München
Ferdinand Schöningh · Paderborn
transcript Verlag · Bielefeld
Eugen Ulmer Verlag · Stuttgart
UVK Verlag · München
Vandenhoeck & Ruprecht · Göttingen
Waxmann · Münster · New York
wbv Publikation · Bielefeld
Wochenschau Verlag · Frankfurt am Main

**Prof. Dr. jur. Dr. phil. Reinhard Joachim Wabnitz,** Assessor jur., Magister rer. publ., Ministerialdirektor a. D., ist Professor für Rechtswissenschaft, insbesondere Kinder- und Jugendhilferecht und Familienrecht, an der Hochschule RheinMain.

Die Reihe Kindheitspädagogik und Familienbildung wird herausgegeben von Rita Braches-Chyrek, Irene Dittrich, Veronika Fischer und Elke Kruse.

Reinhard Joachim Wabnitz

# Rechtliche Grundlagen der Kindheitspädagogik und Familienbildung

WOCHENSCHAU VERLAG

Die Reihe Kindheitspädagogik und Familienbildung wird herausgegeben von Rita Braches-Chyrek, Irene Dittrich, Veronika Fischer und Elke Kruse.

Titel der Reihe:
Bd. 1: Theorien, Konzepte und Ansätze der Kindheitspädagogik
Bd. 2: Diversity in der Kindheitspädagogik und Familienbildung
Bd. 3: Familienbildung. Entstehung, Strukturen und Konzepte
Bd. 4: Rechtliche Grundlagen in der Kindheitspädagogik und Familienbildung
Bd. 5: Kindheitspädagogische Forschung (in Planung)
Bd. 6: Kommunikation – Sprache – Mehrsprachigkeit (in Planung)
Bd. 7: Von der Kindergärtnerin zur Kindheitspädagogin (in Planung)

Online-Angebote oder elektronische Ausgaben sind erhältlich unter www.utb-shop.de

Bibliografische Information der Deutschen Nationalbibliothek

Die Deutsche Nationalbibliothek verzeichnet diese Publikation in der Deutschen Nationalbibliografie; detaillierte bibliografische Daten sind im Internet unter http://dnb.d-nb.de abrufbar.



www.wochenschau-verlag.de



Printed in Germany
Satz: SATZstudio Josef Pieper, Bedburg-Hau
Einbandgestaltung: Atelier Reichert, Stuttgart
Umschlagmotiv: © picture alliance / dpa

utb-Band-Nr. 5710
ISBN 978-3-8252-5710-1 (Buch)
**E-Book** ISBN 978-3-8385-5710-6 (PDF)

# Inhalt

## Abkürzungsverzeichnis

| | |
|---|---|
| a.a.O. | am angegebenen Ort |
| Abs. | Absatz |
| AdVermiG | Adoptionsvermittlungsgesetz |
| AEUV | Vertrag über die Arbeitsweise der Europäischen Union |
| AGG | Allgemeines Gleichbehandlungsgesetz |
| Alt. | Alternative |
| ArbGG | Arbeitsgerichtsgesetz |
| ArbZG | Arbeitszeitgesetz |
| BayEUG | Bayerisches Gesetz über das Erziehungs- und Unterrichtswesen |
| BAföG | Bundesausbildungsförderungsgesetz |
| BBiG | Berufsbildungsgesetz |
| BEEG | Bundeselterngeld- und Elternzeitgesetz |
| BGB | Bürgerliches Gesetzbuch |
| BGH | Bundesgerichtshof |
| BGHZ | Entscheidungen des BGH in Zivilsachen |
| BKGG | Bundeskindergeldgesetz |
| BSG | Bundessozialgericht |
| BVerfG | Bundesverfassungsgericht |
| BVerfGE | Amtliche Sammlung der Entscheidungen des BVerfG |
| BVerwG | Bundesverwaltungsgericht |
| BVerwGE | Amtliche Sammlung der Entscheidungen des BVerwG |
| EGBGB | Einführungsgesetz zum Bürgerlichen Gesetzbuch |
| EStG | Einkommensteuergesetz |
| EU | Europäische Union |
| FamFG | Gesetz über das Verfahren in Familiensachen und in den Angelegenheiten der freiwilligen Gerichtsbarkeit |
| FamRZ | Zeitschrift für das gesamte Familienrecht |

| | |
|---|---|
| FK-SGB VIII | Frankfurter Kommentar zum SGB VIII (Münder/Meysen/Trenczek) |
| FuR | Familie und Recht (Zeitschrift) |
| GewO | Gewerbeordnung |
| GG | Grundgesetz für die Bundesrepublik Deutschland |
| ggf. | gegebenenfalls |
| GK-SGB VIII | Gemeinschaftskommentar zum SGB VIII (Wabnitz/Fieseler/Schleicher) |
| GVG | Gerichtsverfassungsgesetz |
| HKJGB | Hessisches Kinder- und Jugendhilfegesetzbuch |
| i.V.m. | in Verbindung mit |
| JAmt | Das Jugendamt (Zeitschrift) |
| JGG | Jugendgerichtsgesetz |
| Jugendhilfe | Zeitschrift: Jugendhilfe |
| KJHG | Kinder- und Jugendhilfegesetz |
| KJSG | Kinder- und Jugendstärkungsgesetz |
| KKG | Gesetz zur Kooperation und Information im Kinderschutz |
| KSchG | Kündigungsschutzgesetz |
| LG | Landgericht |
| LPartG | Lebenspartnerschaftsgesetz |
| LPK-SGB VIII | Lehr- und Praxiskommentar zum SGB VIII (Kunkel/Kepert/Pattar) |
| MDV | Mitteilungen des Vereins für öffentliche und private Fürsorge |
| MiLoG | Mindestlohngesetz |
| MuSchG | Mutterschutzgesetz |
| NJW | Neue juristische Wochenschrift |
| NJW-RR | Neue juristische Wochenschrift – Rechtsprechungsreport |
| OLG | Oberlandesgericht |
| OVG | Oberverwaltungsgericht |
| PStG | Personenstandsgesetz |
| SchulG | Schulgesetz |

| | |
|---|---|
| SGB | Sozialgesetzbuch |
| SGB I | Erstes Buch SGB Allgemeiner Teil |
| SGB II | Zweites Buch SGB Grundsicherung für Arbeitsuchende |
| SGB III | Drittes Buch SGB Arbeitsförderung |
| SGB V | Fünftes Buch SGB Gesetzliche Krankenversicherung |
| SGB VIII | Achtes Buch SGB Kinder- und Jugendhilfe |
| SGB IX | Neuntes Buch SGB Rehabilitation und Teilhabe von Menschen mit Behinderungen |
| SGB X | Zehntes Buch SGB Sozialverwaltungsverfahren und Sozialdatenschutz |
| SGB XII | Zwölftes Buch SGB Sozialhilfe |
| StGB | Strafgesetzbuch |
| TzBfG | Teilzeit- und Befristungsgesetz |
| UhVorschG | Unterhaltsvorschussgesetz |
| UN-KRK | UN-Konvention über die Rechte des Kindes |
| VG | Verwaltungsgericht |
| VGH | Verwaltungsgerichtshof |
| ZKJ | Zeitschrift für Kindschaftsrecht und Jugendhilfe |
| ZPO | Zivilprozessordnung |

# 1. Recht und Gesetze für Kindheitspädagogik und Familienbildung

Was hat Recht mit Kindheitspädagogik und Familienbildung zu tun? Viel mehr, als man zu Beginn des Studiums vielleicht gedacht hätte! Bei näherer Betrachtung wird nämlich schnell deutlich, dass ebenso wie Wirtschaft und Arbeitswelt, Umwelt und Gesellschaft auch Kindheitspädagogik und Familienbildung durch rechtliche Regelungen (mit-)geprägt und von ihnen durchdrungen sind. Deshalb wird in Kapitel 1 Basiswissen über Recht und Rechtsnormen vermittelt. Wenn dabei manches im „ersten Anlauf" für Sie vielleicht etwas trocken anmuten könnte, seien Sie gewiss: Es handelt sich um ein lebens- und praxisnahes Arbeitsfeld und ist vielfach richtig spannend!

**Beispiele:** Sie wollen wissen, ob und in welchem Umfang und ab welchem Alter Kinder einen Rechtsanspruch auf einen Platz in einer Tageseinrichtung haben. Die Antworten darauf finden Sie in § 24 SGB VIII. Oder: Für ein Beratungsangebot im Bereich der Familienbildung wollen Sie sich auch über die grundlegenden Vorschriften für das Verhältnis von Eltern und Kindern und die Rechte und Pflichten von Eltern im Bereich der Personensorge informieren; dies geht nicht ohne Kenntnis der §§ 1626 ff. BGB! Für solche und viele andere Fragestellungen finden Sie in diesem Buch Antworten und weiterführende Hinweise. Und in solche und viele andere Fragestellungen wird in Kapitel 1 mit zentralen Informationen und Begriffen zu Recht und Rechtsnormen eingeführt.

## 1.1 Rechtsnormen und Rechtsquellen im deutschen Recht

### 1.1.1 Charakteristika von Rechtsnormen

Die Rechtsordnung stellt eine „**Sollensordnung**" mit Geboten und Verboten sowie mit Rechtsnormen für das menschliche Zusammenleben und die Organisation von Staat und Gesellschaft dar. Daneben gibt es Regeln, die nicht rechtlicher, sondern ethischer, religiöser oder moralischer Natur sind – bis hin zu Umgangsformen und

Fragen von Sitte und Anstand (Näheres bei Trenczek et al. 2018, Kapitel 1.1.1.2; Wabnitz 2020b, Kapitel 1.2.1).

Rechtsetzung durch Schaffung von Rechtsnormen mit allgemeiner Verbindlichkeit ist Aufgabe des **Staates**, dem insoweit ein **Rechtsetzungsmonopol** zukommt. „Staat" kann dabei die Bundesrepublik Deutschland als Nationalstaat sein oder als Mitgliedsstaat der Europäischen Union (EU); oder eines der 16 deutschen Bundesländer, eine kommunale Gebietskörperschaft oder eine andere Körperschaft oder Anstalt des öffentlichen Rechts. Von zunehmender allgemeiner Bedeutung ist zudem die Setzung von Rechtsnormen durch die EU, auf die hier wegen allerdings bislang nur geringer Relevanz für die Kindheitspädagogik und Familienbildung nicht näher eingegangen wird.

In den modernen demokratischen Staaten erfolgt die Setzung von Rechtsnormen zumeist aufgrund von Mehrheitsentscheidungen der vom Volk gewählten Abgeordneten in den Parlamenten. In Deutschland ist dies auf der Bundesebene der Deutsche Bundestag unter Mitwirkung des Bundesrates, in den Bundesländern sind dies die Landtage.

### 1.1.2 Zivilrecht und öffentliches Recht, objektives und subjektives Recht

Nun zu zwei im deutschen Recht besonders wichtigen Begriffspaaren: Zivilrecht und öffentliches Recht sowie objektives und subjektives Recht (dazu ausführlicher: Kievel et al. 2018, Kapitel 3 III; Wabnitz 2020b, Kapitel 2.2 und 2.4).

Die verschiedenen Gebiete des Rechts werden in Deutschland traditionell entweder dem Zivilrecht (Privatrecht) oder dem öffentlichen Recht zugeordnet. Das **Zivilrecht** (oder Privatrecht) regelt die Rechtsbeziehungen der Bürger untereinander, und zwar sowohl zwischen natürlichen Personen (Menschen) als auch juristischen Personen des Privatrechts. Das wichtigste Gesetz des deutschen Zivilrechts ist das Bürgerliche Gesetzbuch (BGB).

**Beispiele:** Abschluss eines Kaufvertrages gemäß § 433 BGB durch eine(n) Studierende(n) hinsichtlich eines Buches von einem

Verkäufer oder eines Mietvertrages gemäß § 535 BGB hinsichtlich der Anmietung einer Wohnung mit einem Vermieter; jeweils beide sind natürliche Personen (vgl. §§ 1 ff. BGB). Oder: Eintritt einer/s Studierenden (natürliche Person) in einen Sportverein, der eine juristische Person des Privatrechts ist (vgl. §§ 21 ff. BGB). Zu weiteren Gesetzen des Zivilrechts siehe Kapitel 1.1.3.

Das **öffentliche Recht** regelt die Rechtsbeziehungen zwischen Bürger und Staat und die Rechtsbeziehungen zwischen mehreren Trägern hoheitlicher Verwaltung untereinander. **Beispiele:** Eine allein personensorgeberechtigte Mutter beantragt beim Jugendamt Hilfe zur Erziehung für ihren zehnjährigen Sohn gemäß § 27 Abs. 1 SGB VIII; zwei benachbarte Bundesländer vereinbaren gemäß § 69 Abs. 4 SGB VIII, ein gemeinsames Landesjugendamt einzurichten. Zu weiteren Gesetzen des öffentlichen Rechts siehe Kapitel 1.1.3.

Im Bereich des öffentlichen Rechts (Näheres bei Kievel et al. 2018, 3.2.2.1; Trenczek et al. 2018, III; Wabnitz 2020b Kapitel 2) ist für die Kindheitspädagogik und die Familienbildung vor allem das Sozialrecht nach dem **Sozialgesetzbuch** (SGB) (siehe Kapitel 6 bis 10) von Bedeutung, aber auch das **Grundgesetz** (GG) mit einzelnen Artikeln (siehe Kapitel 2). Teil des öffentlichen Rechts ist auch das einschlägige Prozessrecht betreffend das Verfahren vor den Gerichten (siehe Kapitel 1.2.3).

Nun zum nächsten wichtigen Begriffspaar: objektives und subjektives Recht. Unter **objektivem Recht** oder objektiven Rechtsnormen versteht man die gesamte Rechtsordnung bzw. die Gesamtheit der existierenden oder jeweils relevanten Rechtsnormen. Dazu zählen alle Gesetze wie z. B. das Bürgerliche Gesetzbuch (BGB) oder das Sozialgesetzbuch (SGB). Auf die dort enthaltenen objektiven Rechtsnormen kann sich der Einzelne allerdings nur berufen bzw. auf ihrer Grundlage nur dann mit Aussicht auf Erfolg Klage vor den Gerichten erheben, wenn ihm zusätzlich auch ein **subjektives Recht**, meist in Form eines (Rechts-)Anspruchs, zusteht. Häufig ist es so, dass mit objektiven Rechtsnormen auch subjektive Rechte Einzelner korrespondieren. Allerdings ist dies keineswegs immer der Fall. Deshalb muss man objektive und subjektive Rechte sorgfältig voneinander unterscheiden (Näheres bei: Kievel et al. 2018, Kapitel 3 B. II. bis V.; Wabnitz 2020b, Kapitel 2.2, sowie speziell für das Kinder- und Jugendhilferecht nach dem SGB VIII: Wabnitz 2020a, Kapitel 3.2).

Anders formuliert: Objektive Rechtsnormen stellen gleichsam Verpflichtungen Einzelner bzw. eines Trägers hoheitlicher Verwaltung dar. Berufen kann sich der Bürger jedoch nur auf subjektive Rechte, die ihm aufgrund einer Rechtsnorm zugebilligt werden; diese kann er dann auch vor Gerichten gegen den Willen anderer durchsetzen („einklagen"). Die wichtigsten subjektiven Rechte, als Rechte des Einzelnen, sind **„Ansprüche"**; vielfach wird dafür auch der inhaltsgleiche Begriff **„Rechtsansprüche"** verwendet. Solche gibt es sowohl im Privatrecht als auch im öffentlichen Recht.

**Beispiel:** Aufgrund eines Kaufvertrages hat der Käufer gemäß § 433 BGB einen Anspruch, von dem Verkäufer die Übergabe eines gekauften Autos zu verlangen, während der Verkäufer gegenüber dem Käufer einen Anspruch auf Kaufpreiszahlung hat. Ein **Beispiel** des öffentlichen Rechts für ein solches subjektives Recht in Form eines Anspruchs ist etwa der Anspruch eines Kindes ab dem vollendeten ersten/dritten Lebensjahr auf den Besuch einer Tageseinrichtung (§ 24 Abs. 2 Satz 1, Abs. 3 Satz 1 SGB VIII). Und ein Personensorgeberechtigter (zumeist ein Vater und/oder eine Mutter) hat unter den dort genannten Voraussetzungen gemäß § 27 Abs. 1 SGB VIII einen Anspruch auf Hilfe zur Erziehung. In beiden Fällen können diese Ansprüche gegenüber der öffentlichen Verwaltung (hier: dem Jugendamt) vor dem (Verwaltungs-)Gericht „eingeklagt" und damit auch gegen den Willen eines Trägers hoheitlicher Verwaltung bzw. eines Jugendamts durchgesetzt werden.

### 1.1.3 Rechtsquellen, Hierarchie von Rechtsnormen

Die verschiedenen Rechtsnormen werden häufig auch als „Rechtsquellen" bezeichnet und stehen in einem hierarchischen **Über- und Unterordnungsverhältnis** zueinander (Näheres bei Trenczek et al., Kapitel 1.1.3.7). In Deutschland gibt es (wiederum unter Ausklammerung des EU-Rechts) eine siebenstufige **Hierarchie** von Rechtsnormen:

- nach dem Bundesrecht: Grundgesetz (GG), Bundesgesetz, Bundesrechtsverordnung;
- nach dem Landesrecht: Landesverfassung, Landesgesetz, Landesrechtsverordnung;
- nach dem Kommunalrecht: Satzung.

Jede Rechtsnorm muss im Einklang mit höherrangigem Recht stehen bzw. darf gegen dieses nicht verstoßen.

Die ranghöchste (oberste) Rechtsnorm bzw. Rechtsquelle in Deutschland ist das **Grundgesetz** für die Bundesrepublik Deutschland (GG) aus dem Jahr 1949 – mit vielen späteren Änderungen seitdem (siehe Kapitel 2.1). Im Grundgesetz wurden die zentralen Regelungen über das Verhältnis von Bürger und Staat und den Staatsaufbau in Deutschland getroffen. Und gemäß Art. 31 GG „bricht" Bundesrecht Landesrecht, geht diesem also insgesamt vor.

Die für die Kindheitspädagogik und Familienbildung bedeutendsten Rechtsnormen sind auf der zweiten Ebene der Normenhierarchie – in **Bundesgesetzen** – angesiedelt, die vom Deutschen Bundestag unter Mitwirkung des Bundesrates beschlossen worden sind. Sie gelten in ganz Deutschland. Die beiden für Kindheitspädagogik und Familienbildung wichtigsten Bundesgesetze sind das Bürgerliche Gesetzbuch (BGB) sowie das Sozialgesetzbuch (SGB) (Näheres: Kapitel 1.3.1 und 1.3.2).

Auf der dritten Ebene der Normenhierarchie gibt es **Bundesrechtsverordnungen.** In einer Bundesrechtsverordnung werden weitere Einzelheiten zur Ausführung eines bestimmten Bundesgesetzes geregelt. Bundesrechtsverordnungen werden nicht vom Deutschen Bundestag beschlossen, sondern von der Bundesregierung oder einzelnen Bundesministern. **Beispiel:** Rechtsverordnungen zur Ausführung des Sozialhilferechts nach dem SGB XII (Sozialhilfe).

Neben den Rechtsnormen, die von der Bundesrepublik Deutschland als Gesamtstaat geschaffen worden sind (Grundgesetz, Bundesgesetze und Bundesrechtsverordnungen), gibt es in jedem der 16 Bundesländer nach demselben hierarchischen Prinzip wiederum eine **Landesverfassung, Landesgesetze und Landesrechtsverordnungen.**

**Beispiele:** Von Bedeutung für Kindheitspädagogik und Familienbildung sind insbesondere die Landesgesetze über das Schulwesen, die Weiterbildung und zur Ausführung des SGB VIII (Kinder- und Jugendhilfe). Auf der Ebene der kommunalen Gebietskörperschaften (Gemeinden, Städte und Landkreise) oder der Hochschulen, die staatsrechtlich den Ländern zuzurechnen sind, gibt es schließlich Rechtsnormen in Form von **Satzungen.**

**Beispiele** dafür sind Satzungen einer Stadt über den Jugendhilfeausschuss oder im Bereich der Hochschulen Grundordnungen sowie Studien- und Prüfungsordnungen.

## 1.2 Gliederung, Zitierweise und Strukturen von Rechtsnormen

### 1.2.1 Gliederung von Rechtsnormen

Einige umfangreiche Gesetzeswerke wie das BGB, das SGB, das Gesetz über das Verfahren in Familiensachen und in den Angelegenheiten der freiwilligen Gerichtsbarkeit (FamFG) oder das Strafgesetzbuch (StGB) sind in mehrere **„Bücher"** unterteilt. Das BGB hat fünf, das SGB derzeit zwölf Bücher, die jeweils separate, aber im Zusammenhang miteinander stehende Gesetzeswerke darstellen. Einzelne **Gesetze** sind in Abschnitte oder Kapitel unterteilt; mitunter weiter in Unterabschnitte oder Titel.

Die „Basiseinheit" von Rechtsnormen ist der einzelne **Paragraf.** Dieser wird in den meisten Gesetzen durch das Zeichen § symbolisiert, das zwei ineinander verschlungenen Buchstaben „S" entspricht (von lateinisch: signum sectionis = Zeichen der Abteilung/des Abschnitts). Im Grundgesetz und in den Landesverfassungen sind dies die „Artikel (Art.)".

### 1.2.2 Zitierweise von Rechtsnormen

Häufig sind Paragrafen in mehrere **Absätze** unterteilt, die mit römischen Ziffern (I, II, III) oder abgekürzt mit „Abs." oder mit in Klammern gesetzten arabischen Ziffern – (1), (2), (3) – bezeichnet werden. Beispiel: § 38 II oder § 38 Abs. 2 oder § 38 (2). Häufig werden sodann Absätze eines Paragrafen nochmals in mehrere **Sätze** unterteilt, die mit arabischen Buchstaben (1, 2, 3) oder mit „S." bezeichnet werden. Beispiel: § 67 II 3 oder § 67 Abs. 2 S. 3 oder § 67 (2) 3. Es kommt aber auch vor, dass einzelne Paragrafen nur in Sätze unterteilt werden – und nicht in Absätze. Einzelne Sätze sind gelegentlich noch untergliedert in **Halbsätze** (zitiert z.B.: Halbs. 1, 2, 3 usw.) oder ggf. in **Nummern** (zitiert z.B.: Nr. 1, 2, 3).

Damit exakt klar wird, worüber man konkret spricht und welche Rechtsnorm im Einzelnen gemeint ist, ist es unbedingt erforderlich, Gesetze und Paragrafen **so präzise wie möglich** zu **zitieren,** ggf. mit Absätzen, Sätzen, Halbsätzen und Nummern, sofern vorhanden. **Beispiele:** Gemäß „§ 9 Abs. 2 S. 1 SGB XII soll Wünschen der Leistungsberechtigten ... entsprochen werden, soweit sie angemessen sind". Oder: Gemäß § 42 Abs. 1 S. 1 Nr. 1 SGB VIII ist das Jugendamt „berechtigt und verpflichtet, ein Kind oder einen Jugendlichen in seine Obhut zu nehmen, wenn das Kind oder der Jugendliche um Obhut bittet".

### 1.2.3 Durchsetzbarkeit von Rechtsnormen

Die Bundesrepublik Deutschland ist ein umfassend ausgebauter **Rechtsstaat.** Wird jemand „durch die öffentliche Gewalt" in seinen Rechten verletzt, „so steht ihm der Rechtsweg offen" (Art. 19 Abs. 4 Satz 1 GG). Mit anderen Worten: Gegen nahezu alle Formen hoheitlichen Handelns kann sich der Bürger, soweit er in seinen Rechten betroffen ist, zur Wehr setzen, indem er ein Gericht anruft. Im Verhältnis zwischen Zivilpersonen untereinander gilt dies grundsätzlich ohnehin (zum Ganzen: Kievel et al. 2018, Kapitel 22; Trenczek et al. 2018, Kapitel 1.5.2 und 1. 5.3; Wabnitz 2020b, Kapitel 7.1).

In Deutschland gibt es **sieben Gerichtsbarkeiten:** im Bereich des Privatrechts die Zivil- und die Arbeitsgerichtsbarkeit; im Bereich des öffentlichen Rechts die Verfassungs-, Verwaltungs-, Sozial-, Finanz- und Strafgerichtsbarkeit (Näheres bei Kievel et al. 2018, Kapitel 22; Trenczek et al. 2018, I. 5.1; Wabnitz 2020b, Kapitel 7.1). Für Kindheitspädagogik und Familienbildung sind die Zivil-, Verwaltungs- und Sozialgerichtsbarkeit von besonderer Bedeutung.

„Über“ allen anderen Gerichtsbarkeiten steht die Verfassungsgerichtsbarkeit: das Bundesverfassungsgericht mit Blick auf Fragen des Grundgesetzes, die 16 Landesverfassungsgerichte oder Staatsgerichtshöfe mit Blick auf Fragen der jeweiligen Landesverfassung.

In den meisten Gerichtsbarkeiten gibt es sog. (mehrstufige) „Instanzenzüge“: immer eine Eingangsinstanz, oft eine „Berufungsinstanz“ und als letzte Instanz ggf. die sog. „Revisionsinstanz“ (Näheres: Wabnitz 2020b, Kapitel 7). Für jede der genannten Gerichtsbarkeiten gibt es spezielle Gerichtsverfahrens- oder **Prozessgesetze.**

**Beispiele** im Bereich des **Zivilrechts:** die Zivilprozessordnung (ZPO), das Gesetz über das Verfahren in Familiensachen und in den Angelegenheiten der freiwilligen Gerichtsbarkeit (FamFG) und das Arbeitsgerichtsgesetz (ArbGG); im Bereich des **öffentlichen Rechts** die Verwaltungsgerichtsordnung (VwGO) für Angelegenheiten der Kinder- und Jugendhilfe nach dem SGB VIII sowie des Schul-, Weiterbildungs- und Hochschulrechts; die Sozialgerichtsbarkeit für die Angelegenheiten nach den übrigen Büchern des SGB.

Die Erfolgsaussichten eines Gerichtsprozesses sind oft schwer abzuschätzen. (Der Volksmund sagt dazu: „Vor den Gerichten ist es wie auf hoher See: Man befindet sich allein in Gottes Hand.“) Die **Gerichts- und Rechtsanwaltskosten** hat grundsätzlich die unterlegene Partei zu tragen. Bei einem vor den Zivilgerichten geführten und verlorenen Prozess über mehrere Instanzen hinweg kann es vorkommen, dass die Gerichts- und Anwaltskosten die Höhe des Streitwertes erreichen oder gar überschreiten. Auf der anderen Seite soll grundsätzlich aus finanziellen Gründen niemand davon abgehalten werden, vor Gericht sein Recht zu suchen und durchzusetzen. Deshalb gibt es die Möglichkeit, **Prozesskostenhilfe** nach den §§ 114 ff. ZPO zu beantragen (Näheres bei Wabnitz 2020b, Kapitel 7.3; Trenczek et al. 2018, Kapitel I. 5.3.3, Kievel et al. 2018, Kapitel 22.1.4).

## 1.3 BGB, SGB VIII und andere wichtige Bundesgesetze

### 1.3.1 Das BGB

Das mit Abstand **wichtigste Zivilgesetz** für Kindheitspädagogik und Familienbildung ist das Bürgerliche Gesetzbuch **(BGB)**, das im Jahre 1900 nach jahrzehntelangen Vorarbeiten in Kraft getreten und seitdem vielfach geändert worden ist. Das BGB beinhaltet **fünf Bücher.** Das wichtigste Buch für Kindheitspädagogik und Familienbildung ist das **Buch 4. BGB Familienrecht** mit über 600 Paragrafen (siehe dazu im Einzelnen Kapitel 3 bis 5 sowie 10 und 11). Über das Buch 4. des BGB Familienrecht hinaus gibt es auch familienrechtliche Regelungen in Buch 1. des BGB (Allgemeiner Teil), in Buch 2. (Schuldrecht) sowie in Buch 5. des BGB (Erbrecht).

Bereits ganz am Anfang des BGB, in dessen **Allgemeinem Teil,** werden wichtige Regelungen getroffen, die für das gesamte BGB sowie für Kindheitspädagogik und Familienbildung von zentraler Bedeutung sind, z.B. über die **Altersstufen** Minderjähriger (dazu im Einzelnen Wabnitz 2019a, Kapitel 1.3.2 sowie 8.2). Nach § 1 BGB beginnt die **Rechtsfähigkeit** des Menschen mit der Vollendung der Geburt. Dessen Volljährigkeit und damit die volle **Geschäfts- (und Delikts-)Fähigkeit** tritt jedoch gemäß § 2 BGB erst mit der Vollendung des 18. Lebensjahres ein. Kinder unter sieben Jahren sind geschäftsunfähig, Minderjährige im Alter von 7 bis 17 Jahren sind beschränkt geschäftsfähig und bedürfen zur Rechtswirksamkeit juristisch relevanter Handlungen zumeist der Zustimmung des **gesetzlichen Vertreters:** der Eltern, eines Elternteils oder ersatzweise eines Vormundes (§§ 104 ff. BGB). Anders ist dies in religiösen Angelegenheiten. Gemäß § 5 des aus dem Jahr 1921 stammenden Gesetzes über die religiöse Kindererziehung sind Kinder ab 14 Jahren voll **religionsmündig,** können also bereits dann alleine über ihre Religionszugehörigkeit entscheiden.

**EGBGB.** Das Einführungsgesetz zum Bürgerlichen Gesetzbuch ist wie das BGB im Jahre 1900 in Kraft getreten. Von Bedeutung ist das EGBGB weiterhin insbesondere mit Blick auf Rechtsverhältnisse von Bürgerinnen und Bürgern aus der ehemaligen DDR und mit Blick auf Rechtsbeziehungen zwischen Deutschen und Ausländern, wenn sich z.B. die Frage stellt, welche Rechtsordnung überhaupt Anwendung findet.

**Beispiel:** Eine deutsche Frau möchte einen ausländischen Mann heiraten oder mit ihm ein Kind adoptieren. Was findet ggf. Anwendung: das deutsche BGB oder das amerikanische, spanische, türkische, französische Zivilgesetzbuch etc.?

### 1.3.2 Das SGB VIII

Das **SGB VIII** – Achtes Buch Sozialgesetzbuch (Kinder- und Jugendhilfe) – als eines der bislang zwölf Bücher des Sozialgesetzbuchs (SGB) – ist das wichtigste öffentlich-rechtliche Gesetz für Kindheitspädagogik und Familienbildung (siehe dazu im Einzelnen Kapitel 6 bis 10). Es enthält u.a. Regelungen über die Leistungen und Aufgaben, Träger und Behörden der Kinder- und Jugendhilfe sowie über deren Verfahren und die Kosten. Das SGB VIII ist ein modernes, verständlich formuliertes und einleuchtend untergliedertes Gesetz. Seine Struktur und Systematik können nicht selten für Auslegungsfragen nutzbar gemacht werden. Das SGB VIII enthält elf Kapitel mit insgesamt ca. 150 Paragrafen. Bereits mit Blick auf das frühere, bis 1990 geltende Gesetz für Jugendwohlfahrt (JWG) hat das Bundesverwaltungsgericht in den 1970er-Jahren festgestellt, dass dieses „seinem Gegenstand nach“ ein **„Erziehungsgesetz“** sei (BVerwGE 52, 214 f.). Dies gilt gleichermaßen für das SGB VIII, auch wenn dort präventive Leistungsangebote und die „Stärkung und Unterstützung der Familien“ in den Mittelpunkt der rechtlichen Regelungen gerückt sind. Deshalb ist das SGB VIII auch ein Leistungs-, Struktur- und Fördergesetz. Das SGB VIII als Gesetz des Bundes wird ergänzt durch **Landesrecht** der 16 Bundesländer.

### 1.3.3 Andere wichtige Bundesgesetze

Andere wichtige Bundesgesetze im Bereich des **Zivilrechts** sind u.a.:

- Das **FamFG**. Das Gesetz über das Verfahren in Familiensachen und in den Angelegenheiten der freiwilligen Gerichtsbarkeit enthält umfangreiche Regelungen über das **Verfahren** der Familiengerichte und Betreuungsgerichte in Familiensachen, Ehesachen, Kindschaftssachen, Abstammungssachen, Adoptionssachen, Ehewohnungs- und Haushaltssachen u.a. Das FamFG gilt in den genannten Angelegenheiten grundsätzlich vorrangig vor den allgemeinen zivilprozessualen Regelungen nach der **ZPO** (Zivilprozessordnung).

- Das **LPartG**. Das Lebenspartnerschaftsgesetz eröffnete bis September 2017 die Möglichkeit der Begründung von eingetragenen Lebenspartnerschaften von gleichgeschlechtlichen Partnern. Inzwischen können diese wie verschieden-geschlechtliche Menschen heiraten, sodass das LPartG nur noch für die zuvor seit dem Jahr 2001 begründeten eingetragenen Lebenspartnerschaften gilt, soweit diese nicht zwischenzeitlich in Ehen umgewandelt wurden.
- Das **PStG**. Das Personenstandsgesetz (PStG) enthält u.a. Regelungen über das Verfahren des Standesamtes und über das Führen von Heirats-, Geburten- und Sterberegistern u.a.
- Das **VersAusglG**. Das Versorgungsausgleichsgesetz regelt die Aufteilung von in der Ehezeit erworbenen Versorgungsanrechten zwischen (geschiedenen) Ehegatten.

Andere wichtige Bundesgesetze im Bereich des **öffentlichen Rechts** sind u.a.:

- Das **AdVermiG**. Das Adoptionsvermittlungsgesetz trifft Regelungen über die Adoptionsvermittlungsstellen, Fachkräfte, Adoptionsverbote, die Adoptionspflege, Adoptionsbegleitung u.a. Die Adoptionsvermittlungsstellen werden in der Regel im Vorfeld des eigentlichen Adoptionsverfahrens vor dem Familiengericht nach den §§ 1741 ff. BGB (siehe Kapitel 3.2) tätig.
- Das **BAföG**. Das Bundesausbildungsförderungsgesetz regelt die Ausbildungsförderung von Studierenden.
- Das **BEEG**. Das Bundeselterngeld- und Elternzeitgesetz enthält Vorschriften über das Elterngeld und Regelungen über die Elternzeit nach der Geburt von Kindern.
- Das **BKGG** und das **EStG**. Das Bundeskindergeldgesetz und das Einkommensteuergesetz regeln das Kindergeld für nicht steuerpflichtige bzw. für steuerpflichtige Personen. Im EStG sind

auch Vorschriften über Steuerfreibeträge für Kinder, über Steuerklassen und das sog. Ehegattensplitting-Verfahren enthalten.

- Das **GVG**. Das Gerichtsverfassungsgesetz enthält Regelungen über die **Zuständigkeiten** der **Gerichte** im Bereich der Zivil- und Strafgerichtsbarkeit, die traditionell gemeinsam als „ordentliche Gerichtsbarkeit" bezeichnet werden: die Amts-, Land- und Oberlandesgerichte sowie der Bundesgerichtshof. Für Familiensachen sind in erster Instanz fast durchgängig die Familiengerichte (als Abteilungen der Amtsgerichte) zuständig, in zweiter Instanz die Oberlandesgerichte und in dritter Instanz der Bundesgerichtshof. Lediglich für Angelegenheiten der rechtlichen Betreuung besteht die Zuständigkeit der Betreuungsgerichte (als andere Abteilungen der Amtsgerichte), der Landgerichte und wiederum des Bundesgerichtshofs.
- Das **JuSchG**. Das Jugendschutzgesetz enthält Vorschriften über den Zugang von Kindern und Jugendlichen u.a. zu Gaststätten, Tanzveranstaltungen u.a. sowie Verbotsvorschriften betreffend Alkohol, Nikotin und Drogen, kinder- und jugendgefährdenden Medien und den Zugang zu jugendgefährdenden Orten.
- Das **UhVorschG**. Aufgrund des Unterhaltsvorschussgesetzes können Kinder, vertreten durch einen Elternteil, Unterhaltsvorschussleistungen beantragen, sofern der unterhaltspflichtige andere Elternteil seinen Unterhaltspflichten nicht oder nicht ausreichend nachkommt.

### Literaturhinweise

**KIEVEL,** Winfried u.a. 8 2018: Recht für soziale Berufe. Basiswissen kompakt. Köln.

**TRENCZEK,** Thomas u.a. 8 2018: Grundzüge des Rechts. Studienbuch für soziale Berufe. München.

**WABNITZ,** Reinhard Joachim 5 2019a: Grundkurs Familienrecht für die Soziale Arbeit. München.

**WABNITZ,** Reinhard Joachim 6 2020a: Grundkurs Kinder- und Jugendhilferecht für die Soziale Arbeit. München.

**WABNITZ,** Reinhard Joachim 5 2020b: Grundkurs Recht für die Soziale Arbeit. München.

# 2. Kinderrechte

Rechte von Kindern (und Jugendlichen) sind in zahlreichen Bundes- und Landesgesetzen normiert.

## 2.1 Kinderrechte und Elternrechte nach dem Grundgesetz und den Landesverfassungen

Das **Grundgesetz** für die Bundesrepublik Deutschland (GG), die ranghöchste innerstaatliche Rechtsquelle (siehe Kapitel 1.1.3), enthält zentrale Verfassungsbestimmungen für Bürger/innen und Staat, insbesondere die Grundrechte nach Art. 1 bis 19 GG, die unstrittig auch für Kinder und Jugendliche gelten.

### 2.1.1 Art. 1, 2 und 3 GG

Aufgrund der Erfahrungen mit der nationalsozialistischen Diktatur stehen an der Spitze der Grundrechtsartikel des Grundgesetzes dessen Art. 1 Abs. 1 und 2 GG:

> „(1) Die **Würde des Menschen** ist unantastbar. Sie zu achten und zu schützen ist Verpflichtung aller staatlichen Gewalt.
> (2) Das Deutsche Volk bekennt sich darum zu unverletzlichen und unveräußerlichen Menschenrechten als Grundlage jeder menschlichen Gemeinschaft, des Friedens und der Gerechtigkeit in der Welt".

Das „klassische" **Freiheitsgrundrecht** ist in Art. 2 Abs. 1 GG verankert:

> „Jeder hat das Recht auf die freie Entfaltung seiner Persönlichkeit, soweit er nicht die Rechte anderer verletzt und nicht gegen die verfassungsmäßige Ordnung oder das Sittengesetz verstößt."

Das Grundgesetz sieht die **Menschenwürde** und zudem die **freie Entfaltung der Persönlichkeit** als oberste Rechtswerte und tragende Konstitutionsprinzipien des GG an (BVerfGE 6, 36; 12, 53; 109, 149). Art. 1 und Art. 2 GG sind von der Rechtsprechung zudem oft als Auslegungsmaßstab für die folgenden Grundrechtsbestimmungen und für Regelungen in Gesetzen zur Anwendung gebracht worden.

Der dritte fundamentale Verfassungsgrundsatz ist der der **Gleichheit vor dem Gesetz** gemäß Art. 3 Abs. 1 GG: „Alle Menschen sind vor dem Gesetz gleich." Der Gleichheitsgrundsatz hat große praktische Bedeutung u.a. in der Leistungsverwaltung, insbesondere im Sozialrecht, im Wahlrecht oder im Steuerrecht (Näheres dazu: Antoni 2018, Art. 3, Rz. 2 ff). Art. 3 Abs. 2 und 3 GG enthalten **spezielle Gleichheitsrechte** betreffend Männer und Frauen (Abs. 2) sowie Diskriminierungsverbote wegen des Geschlechtes, der Abstammung, der Rasse, der Sprache, der Heimat und Herkunft, des Glaubens, der religiösen oder politischen Anschauungen (Abs. 3).

### 2.1.2 Art. 6 und 7 GG

Für die Kindheitspädagogik und die Familienbildung sind des Weiteren Art. 6 und 7 GG von herausragender Bedeutung. **Art. 6 Abs. 2 GG** lautet:

> „Pflege und Erziehung der Kinder sind das natürliche Recht der Eltern und die zuvörderst ihnen obliegende Pflicht. Über ihre Betätigung wacht die staatliche Gemeinschaft."

Nach Art. 6 Abs. 2 Satz 1 sind Pflege und Erziehung der Kinder also in erster Linie **Recht und Pflicht der Eltern.** In dieses Grundrecht der Eltern darf der Staat grundsätzlich nicht eingreifen – es sei denn, das Kindeswohl wäre gefährdet. Dementsprechend wird Art. 6 Abs. 2 Satz 1 GG durch den weiteren Satz 2 ergänzt, wonach der Staat über „deren Betätigung" (also: die Wahrnehmung von Elternrechten und -pflichten) wacht. Aufgrund dieses **„staatlichen Wächteramtes"** muss der Staat bei Kindeswohlgefährdung eingreifen. Die zuständigen Stellen (Familiengericht und ggf. vorläufig das Jugendamt) sind mithin befugt und ggf. verpflichtet, zum Schutz von Kindern und Jugendlichen dabei auch Elternrechte einzuschränken. Gegen den Willen der Erziehungsberechtigten dürfen Kinder gemäß Art. 6 Abs. 3 GG allerdings nur aufgrund eines Gesetzes von der Familie getrennt werden, „wenn die Erziehungsberechtigten versagen oder wenn die Kinder aus anderen Gründen zu verwahrlosen drohen".

Auf diesen Verfassungsnormen von Art. 6 Abs. 2 (und 3) **GG** bauen sowohl das **Familienrecht** nach dem BGB (siehe dazu Wabnitz 2019a, Kapitel 1.2) als auch das **Kinder- und Jugendhilferecht** nach dem Achten Buch Sozialgesetzbuch/SGB VIII auf, ergänzt durch Ausführungsgesetze der Länder (Wabnitz 2020a, Kapitel 1.1.2). Art. 6 Abs. 2 Satz 1 GG wird vor allem konkretisiert durch das elterliche Sorgerecht nach den §§ 1626 ff. des Buches 4. BGB Familienrecht (siehe unten Kapitel 4 und 5 sowie Wabnitz 2019a, Kapitel 7 bis 10). Art. 6 Abs. 2 Satz 2 GG („staatliches Wächteramt") wird konkretisiert insbesondere durch die §§ 1, 8a, 8b, 42, 42a ff. SGB VIII (Kinder- und Jugendhilfe) mit Aufgaben des Jugendamtes und Eingriffsbefugnissen des Familiengerichts (aufgrund von §§ 1666 ff. BGB). Zwischen diesen beiden Polen liegt ein breites Feld von **Leistungen** der Kinder- und Jugendhilfe nach den §§ 11 bis 41 SGB VIII (dazu Wabnitz 2020a, Kapitel 4 bis 9).

Unter dem **„Dach"** von Art. 6 Abs. 2 (und 3) GG entfalten sich mithin Familienrecht und Kinder- und Jugendhilferecht in einer mannigfach aufeinander bezogenen Weise. In Buch 4. BGB Familienrecht – ein Gesetz des Zivilrechts – wird an zahlreichen Stellen auf das SGB VIII (Kinder- und Jugendhilfe) – als ein Gesetz des öffentlichen Rechts – verwiesen, und umgekehrt wird an etlichen Stellen im SGB VIII das Regelwerk des Buches 4. BGB Familienrecht vorausgesetzt.

Das **Grundgesetz** gilt auch für Kinder, enthält jedoch in seinem Grundrechtsteil bedauerlicherweise immer noch **keine** expliziten **Kinderrechte** – auch nicht in Art. 6 GG, in dem (lediglich) das Verhältnis von Eltern und Staat mit Blick auf Kinder normiert wird. Vor diesem Hintergrund wird seit Beginn der 1990er-Jahre die Aufnahme expliziter Kinderrechte auch in das Grundgesetz gefordert, wie dies in den meisten Landesverfassungen seit Langem erfolgt ist. Alle vielfältigen Bemühungen um eine Aufnahme von Kinderrechten (auch) in das Grundgesetz sind jedoch bislang gescheitert (vgl. dazu Wabnitz 2015b, 406 f.).

Art. 6 GG enthält noch **weitere** für die Kindheitspädagogik und die Familienbildung ebenfalls wichtige **Vorschriften.** Gemäß Art. 6 Abs. 1 GG stehen Ehe und Familie unter dem besonderen Schutz der staatlichen Ordnung. Gemäß Art. 6 Abs. 4 GG haben Mütter Anspruch auf Mutterschutz. Und gemäß Art. 6 Abs. 5 GG sind nichteheliche und eheliche Kinder gleichberechtigt.

Gemäß Art. 6 GG gibt es kein allgemeines Erziehungsrecht des Staates im Bereich der Familie. Anders ist dies im Bereich des Schulwesens. Ab Beginn der **Schulpflicht** (vgl. **Art. 7 Abs. 1 GG**, aus dem sich diese ergibt) stehen Bildungs- und Erziehungsrechte von **Eltern und Staat** aus verfassungsrechtlicher Sicht **„gleichrangig"** nebeneinander, und es kommt darauf an, dass sowohl Eltern als auch Schulen die Bildung von Kindern und Jugendlichen im Schulalter gemeinsam auf möglichst optimale Weise gewährleisten (Antoni 2018, Art. 6, Rz. 15). Das Bundesverfassungsgericht spricht in diesem Zusammenhang von der Notwendigkeit eines „sinnvoll auf einander bezogenen Zusammenwirkens von Eltern und Schule" (BVerfGE 34, 183; 47, 74; 52, 236).

### 2.1.3 Landesverfassungen

Die Landesverfassungen aller 16 deutschen Bundesländer beinhalten ebenfalls einen Grundrechtsteil mit ähnlichen, zumeist parallelen Grundrechten wie im GG. In den meisten Landesverfassungen sind allerdings außerdem, anders als im GG (siehe Kapitel 2.1.2), explizite Kindergrundrechte enthalten, so z. B. in Art. 4 Abs. 2 der **Verfassung des Landes Hessen**:

> „Jedes Kind hat das Recht auf Schutz sowie auf Förderung seiner Entwicklung zu einer eigenverantwortlichen und gemeinschaftsfähigen Persönlichkeit. Bei allen Maßnahmen, die Kin-

> der betreffen, ist das Wohl des Kindes ein wesentlich zu berücksichtigender Gesichtspunkt. Der Wille des Kindes ist in allen Angelegenheiten, die es betreffen, entsprechend seinem Alter und seiner Reife im Einklang mit den geltenden Verfahrensvorschriften angemessen zu berücksichtigen. Die verfassungsmäßigen Rechte und Pflichten der Eltern bleiben unberührt."

Oder in Art. 24 der **Verfassung Rheinland-Pfalz:**

> „Jedes Kind hat ein Recht auf Entwicklung und Entfaltung. Die staatliche Gemeinschaft schützt und fördert die Rechte des Kindes. Nicht eheliche Kinder haben den gleichen Anspruch auf Förderung wie eheliche Kinder. Kinder genießen besonderen Schutz insbesondere vor körperlicher und seelischer Misshandlung und Vernachlässigung."

## 2.2 Kinderrechte nach der UN-Kinderrechtskonvention und nach deutschen Bundes- und Landesgesetzen

### 2.2.1 UN-Kinderrechtskonvention

Das Übereinkommen über die Rechte des Kindes **(UN-KRK)** vom 20.11.1989 ist ein völkerrechtlicher Vertrag, der auch in Deutschland vollumfänglich für alle Menschen, die das 18. Lebensjahr noch nicht vollendet haben (Art. 1 UN-KRK), gilt, und zwar im Rang eines Bundesgesetzes (BVerfG, Beschluss vom 05.07.2013 – 2 BVR 708/12, juris). Das Übereinkommen wird zudem zur Auslegung der Grundrechte und anderer Gesetze herangezogen (Fischer 2015a, Kapitel 14.1). Wichtig dabei ist nicht zuletzt Art. 3 Abs. 1 UN-KRK:

> „Bei allen Maßnahmen, die Kinder betreffen, gleichviel ob sie von öffentlichen oder privaten Einrichtungen der sozialen Fürsorge, Gerichten, Verwaltungsbehörden oder Gesetzgebungsorganen getroffen werden, ist das Wohl des Kindes ein Gesichtspunkt, der vorrangig zu berücksichtigen ist."

Die materiellen Kinderrechte sind im ersten Teil der Konvention (Art. 1 bis 41 UN-KRK) enthalten. Mit den dort verbürgten **Schutzrechten** gewähren die Vertragsstaaten, auch die Bundesrepublik Deutschland, den Kindern u.a. Schutz vor Diskriminierung (Art. 2 UN-KRK), Identitätsverlust (Art. 8 UN-KRK), unbefugter Trennung von den Eltern (Art. 9 UN-KRK), rechtswidrigen Eingriffen in die Privatsphäre (Art. 16 UN-KRK), schlechten Einflüssen der Medien (Art. 17 UN-KRK), Gewalt (Art. 19 UN-KRK) und vor Gefahren beim Leben außerhalb der Familie (Art. 20, 22 UN-KRK).

Die **Förderrechte** unterstützen die Kinder durch Rechte unter anderem in Bezug auf ihr Kindeswohl (Art. 3 UN-KRK), ihr Leben (Art. 6 UN-KRK), Familienzusammenführung (Art. 10 UN-KRK), ihre Gesundheit (Art. 24 UN-KRK), ihre Lebensbedingungen (Art. 27 UN-KRK), Bildung, Freizeit und kulturelles Leben (Art. 31 UN-KRK). Die **Beteiligungsrechte** schließlich sichern den Kindern Mitwirkung in ihren eigenen Angelegenheiten zu, sodass dem Kindeswillen bzw. der Meinung des Kindes „Geltung verschafft werden" soll (Art. 12 UN-KRK).

### 2.2.2 BGB, FamFG, SGB VIII und andere Bundesgesetze

Wie in Kapitel 4 und 5 näher ausgeführt sind im **BGB** – und insbesondere in dessen Buch 4. Familienrecht – zahlreiche Rechte von Kindern enthalten, mit denen zumeist auch Rechtsansprüche korrespondieren, bei deren Wahrnehmung die Kinder allerdings zumeist durch ihre Eltern bzw. einen Elternteil vertreten werden müssen. Dies gilt z.B. im Bereich des Verwandtenunterhaltsrechts (§§ 1601 ff. BGB), des Namensrechts (§§ 1616 ff. BGB), des Rechts der elterlichen Sorge und des Umgangsrechts (§§ 1626 ff., 1684 ff. BGB), aber auch bereits nach Buch 1. Allgemeiner Teil sowie Buch 2. Schuldrecht des BGB.

Auch das Gesetz über das Verfahren in Familiensachen und in den Angelegenheiten der freiwilligen Gerichtsbarkeit **(FamFG)** enthält zahlreiche (Verfahrens-)Rechte des Kindes, insbesondere in dessen Buch 2. (Verfahren in Familiensachen – betreffend Kindschaftssachen, Abstammungssachen, Adoptionssachen u.a.). Hinzuweisen ist insbesondere auf § 158 FamFG (Bestellung eines Verfahrensbeistands – sog. „Anwalt des Kindes"), § 159 FamFG (Anhörung des Kindes), § 155 FamFG (Vorrang- und Beschleunigungsgebot betreffend Kindschaftssachen) sowie § 165 FamFG (Vermittlung betreffend Umgang mit dem Kind).

Pflege und Erziehung der Kinder sind gemäß Art. 6 Abs. 2 Satz 1 GG vorrangig Recht und Pflicht der Eltern – mit den Grenzen gemäß Satz 2 bei Kindeswohlgefährdung (siehe Teil 2.1). Wenn es deshalb mit Blick auf Kinder im Vorschulalter auch kein originäres öffentliches Erziehungsrecht des Staates gibt (Wabnitz 2015, Kapitel 2.3.2), so hat die öffentliche Hand – insbesondere nach dem **SGB VIII** – gleichwohl umfassende flankierende Verpflichtungen mit Blick auf die Entwicklung und Erziehung von Kindern und Jugendlichen insbesondere nach den §§ 11 bis 41 SGB VIII (dazu umfassend Wabnitz 2020a, Kapitel 4 bis 11; hier: Kapitel 6 bis 10), die auch vor den Verwaltungsgerichten einklagbar sind, soweit damit Rechtsansprüche korrespondieren (Wabnitz 2020a, Kapitel 3.2; Näheres hier in Kapitel 6 bis 10). Darüber hinaus haben Kinder (und Jugendliche) Wunsch- und Wahlrechte (§ 5 SGB VIII) sowie Beteiligungsrechte (insbesondere nach den §§ 8 ff. und 36 ff. SGB VIII).

In **zahlreichen weiteren Bundesgesetzen** sind ebenfalls vielfältige Rechte von Kindern (und Jugendlichen sowie jungen Erwachsenen) enthalten. Zu nennen sind hier u.a. die meisten anderen Bücher des Sozialgesetzbuchs/SGB (insbesondere nach dessen Buch I. Allgemeiner Teil, Buch II. Grundsicherung für Arbeitsuchende, Buch III. Arbeitsförderung, Buch V. Gesetzliche Krankenversicherung, Buch VII. Gesetzliche Unfallversicherung, Buch IX. Rehabilitation und Teilhabe von Menschen mit Behinderungen, Buch X. Verwaltungsverfahren und Sozialdatenschutz sowie Buch XII. Sozialhilfe); des Weiteren etwa das Jugendschutzgesetz, das Jugendarbeitsschutzgesetz oder das Jugendgerichtsgesetz (JGG).

### 2.2.3 Schulrecht der Länder

Das Grundgesetz eröffnet dem Bund im Bereich des Schulwesens und des Schulrechts fast keine **Zuständigkeiten**, sodass die Gesetzgebungs- und Verwaltungskompetenzen für das Schulwesen bei den **Ländern** liegen. Sie haben davon in ihren **Schulgesetzen** eigenständig und in breitem Umfang Gebrauch gemacht, viele Fragen (dennoch) in ganz ähnlicher Weise geregelt.

Die verfassungsrechtliche Rechtfertigung für die **Schulpflicht** und zugleich für das Recht des Staates (hier: der Länder), über Organisation, Bildungsinhalte und Erziehungsziele der Schule zu bestimmen, ergibt sich nach allgemeiner Auffassung aus **Art. 7 Abs. 1 GG** („Das gesamte Schulwesen steht unter der Aufsicht des Staates"). Der umfassende Bildungs- und Erziehungsanspruch des Staates wird von dieser Verfassungsbestimmung als gegeben vorausgesetzt (Rux 2018, Rz. 143), und zugleich wird daraus der Auftrag an die Länder zur Gewährleistung eines leistungsfähigen Schulwesens abgeleitet. Die **allgemeine Schulpflicht** beginnt nach den Landesschulgesetzen zumeist, wenn ein Kind am 30.06., 01.08. oder 30.09. eines Kalenderjahres das 6. Lebensjahr vollendet hat; bei Schulfähigkeit auf Antrag ggf. auch früher, bei Verzögerung der Schulreife ggf. auch später. Die allgemeine Schulpflicht endet zumeist nach neun oder zehn Jahren.

Über die Schulpflicht hinaus gibt es in nahezu allen Landesverfassungen sowie in den Landesschulgesetzen ein **Recht auf Bildung**, so z.B. in Art. 56 Abs. 1 Satz 2 BayEUG:

> „Alle Schülerinnen und Schüler haben gemäß Art. 128 der Verfassung ein Recht darauf, eine ihren erkennbaren Fähigkeiten und ihrer inneren Berufung entsprechende schulische Bildung und Förderung zu erhalten."

Oder in § 2 Abs. 1 des Schulgesetzes für das Land Berlin:

> „Jeder junge Mensch hat ein Recht auf zukunftsfähige, diskriminierungsfreie schulische Bildung und Erziehung ungeachtet

insbesondere einer möglichen Behinderung, der ethnischen Herkunft, einer rassistischen Zuschreibung, des Geschlechts, der Geschlechtsidentität, der sexuellen Orientierung, des Glaubens, der religiösen oder politischen Anschauungen, der Sprache, der Nationalität, der sozialen und familiären Herkunft seiner selbst und seiner Erziehungsberechtigten oder aus vergleichbaren Gründen."

Dieses **Recht auf Bildung** begründet einen **Anspruch auf Teilhabe** an den tatsächlich vorhandenen öffentlichen Bildungsangeboten im Schulwesen. Grundsätzlich hat jeder junge Mensch auch einen Rechtsanspruch darauf, zu derjenigen Schulart zugelassen zu werden, die seiner Begabung am besten entspricht. Dieses Recht kann allerdings aufgrund von – präzise zu regelnden – Zulassungsbeschränkungen, aufgrund von Aufnahmekapazitäten und aufgrund der persönlichen Eignung beschränkt sein. Auch gibt es kein Recht auf Zugang zu einer ganz bestimmten Schule (Rux 2018, Rz. 737).

**Wichtige weitere Rechtspositionen von Schülerinnen und Schülern** sind:
- Recht auf Toleranz (aufgrund von Art. 4 GG – Glaubens- und Gewissensfreiheit)
- Rechte auf Meinungs- und Pressefreiheit (aufgrund von Art. 5 Abs. 1 und 2 GG, z.B. betreffend die Herausgabe von Schülerzeitungen im Einklang mit der schulischen Zweckbestimmung)
- Rechte auf Schülerstreiks, Unterrichtsboykott und Demonstrationen (nur) in sehr engen Grenzen und unter ganz besonderen Voraussetzungen (aufgrund von Art. 8 GG – Versammlungsfreiheit)
- Rechte, sich entsprechend dem Alter am Schulleben zu beteiligen
- Rechte auf Auskunft über den Leistungsstand und auf Hinweise auf eine Förderung
- Rechte, sich bei als ungerecht empfundener Behandlung oder Beurteilung an Lehrkräfte oder an die Schulleitung zu wenden

- Rechte auf Schülermitwirkung nach Maßgabe der Landesschulgesetze: als Klassensprecher, Schülersprecher, ggf. in Schulausschuss, Schulkonferenz, Landesschülerrat.

**Wichtige Rechtspositionen von Eltern sind nach den Landesschulgesetzen u. a.:**

- Wahlrecht zwischen den vom Staat zur Verfügung gestellten Schulformen
- Recht auf Information über Leistungen des Kindes, auch über umstrittene Unterrichtsinhalte (z. B. Sexualkunde), auf Vermeidung von Indoktrination im Unterricht
- Recht auf Entscheidung über Teilnahme ihres Kindes am Religionsunterricht
- Recht auf Information und Beratung über wichtige Schulangelegenheiten, z. B. über Aufbau und Gliederung der Schule und der Bildungsgänge, die Übergänge zwischen den Bildungsgängen, die Abschlüsse und Berechtigungen einschließlich der Zugänge zu den Berufen, Grundzüge der Planung und Gestaltung des Unterrichts, Grundzüge der Unterrichtsinhalte und -ziele sowie der Leistungsbewertungen.
- Kollektive Elternrechte, etwa auf Mitwirkung in Klassenelternschaften, Elternbeiräten, ggf. Schulelternräten, Schulkonferenzen, Gemeinde-, Stadt-, Kreis- und Landeselternräten.

## 2.3 Kindeswohl und Kindeswille

### 2.3.1 Kindeswohl

§ 1697a BGB („Kindeswohlprinzip“) lautet wie folgt:

> „Soweit nicht anders bestimmt ist, trifft das Gericht in Verfahren über die in diesem Titel geregelten Angelegenheiten diejenige Entscheidung, die unter Berücksichtigung der tatsächlichen Gegebenheiten und Möglichkeiten sowie der berechtigten Interessen der Beteiligten dem Wohl des Kindes am besten entspricht.“

Das **Wohl des Kindes** (oder: das **Kindeswohl**) ist das **zentrale Prinzip** für das familiengerichtliche Verfahren in Kindschaftssachen und zugleich der durchgängige Maßstab für die Ausübung der elterlichen Sorge, wie dies auch in zahlreichen weiteren Bestimmungen des BGB formuliert ist (vgl. z.B. §§ 1626 Abs. 3, 1626a Abs. 2, 1627, 1666, 1671, 1678 Abs. 2, 1680 Abs. 2, 1684 Abs. 4, 1685 Abs. 1, 1686, 1686a BGB). Der Begriff „Wohl des Kindes" oder „Kindeswohl" drückt zunächst aus, dass es bei der Ausübung der elterlichen Sorge primär nicht um die Eigeninteressen der Eltern gehen darf, sondern um die Interessen des Kindes (Schwab 2020, Rz. 664).

„Wohl des Kindes" als unbestimmter Rechtsbegriff muss sodann im Einzelfall mit Blick auf das betroffene Kind und dessen konkrete Lebenssituation und mit Blick auf das Ziel seiner Förderung zu einer eigenverantwortlichen und gemeinschaftsfähigen Persönlichkeit (vgl. § 1 Abs. 1 SGB VIII) konkretisiert werden (dazu ausführlich Schwab 2020, Rz. 664ff.; zum Themenkomplex **„Gefährdung des Kindeswohls"** siehe ausführlich Wabnitz 2019a, Kapitel 10, sowie hier: Kapitel 5.2.3). Positiv gewendet bedeutet „Wohl des Kindes", dass die Eltern ihr Sorgerecht so auszuüben haben, dass dadurch voraussichtlich der Integrität und der Entfaltung des Kindes am besten Rechnung getragen wird. Das staatliche Wächteramt nach Art. 6 Abs. 2 Satz 2 GG tritt erst dann auf den Plan, „wenn die Eltern das Kindeswohl in Ziel oder Mittel grob verfehlen" (Schwab a.a.O.).

Der staatliche **Gesetzgeber** gibt dazu einige Vorgaben an die Hand, um seine Auffassung von Kindeswohl zu verdeutlichen. Gemäß § 1626 Abs. 2 BGB sollen die Eltern die wachsende Fähigkeit und das wachsende Bedürfnis des Kindes zu selbstständigem, verantwortungsbewusstem Handeln berücksichtigen; sie sollen Fragen der elterlichen Sorge mit dem Kind besprechen und darüber Einvernehmen anstreben. Weitere gesetzliche Vorgaben befinden sich u.a. in den §§ 1631ff. BGB, insbesondere in den Vorschriften über die elterliche Sorge (Näheres dazu: Wabnitz 2019a, Kapitel 7.2 und 7.3; hier in Kapitel 4.1).

Weitere konkretisierende Bestimmungen des Kindeswohlbegriffs sind durch die **Rechtsprechung**, nicht zuletzt durch die des

Bundesverfassungsgerichts, erfolgt, wonach sich insbesondere folgende Aspekte als konstitutiv für den Kindeswohlbegriff ableiten lassen (im Einzelnen und mit Nachweisen der einschlägigen Judikatur: Wapler 2015, 160 f.):

- das Recht des Kindes auf Umgang mit beiden Elternteilen,
- die Berücksichtigung der tatsächlichen Bindungen und der Kontinuität der Beziehungen des Kindes zum jeweiligen Elternteil,
- die Erziehungseignung der Eltern,
- die tatsächliche Betreuungssituation,
- eine angemessene verfahrensrechtliche Absicherung des Kindeswohls sowie
- die alters- und reifeangemessene Berücksichtigung des Kindeswillens.

Dabei wird das **Kindeswohl** häufig als das **„wohlverstandene Interesse des Kindes“** definiert (Wapler 2015, 252). Diese abstrakte Begriffsbestimmung spiegelt zwei Grundentscheidungen des Gesetzgebers wider: Das Kindeswohl hat mit den Interessen des Kindes zu tun; der Begriff des Kindeswohls ist also in diesem Sinne interessenbasiert. Diese Interessen werden jedoch nicht oder jedenfalls nicht ausschließlich von dem betroffenen Kind selbst bestimmt (a.a.O., 253), sondern maßgeblich von „Außenstehenden“, also insbesondere den Eltern und den Familiengerichten – im Sinne einer Anwendung gleichsam „objektiver Maßstäbe“.

### 2.3.2 Kindeswille

Mit dem Begriff „Kindeswille“ wird demgegenüber zumeist das **„subjektive Interesse des Kindes“** bezeichnet (Wapler a.a.O., 254). Nicht nur ist das Kindeswohl der wesentliche Maßstab für die Ausübung der elterlichen Sorge, sondern auch der Kindeswille ist bei Entscheidungen der Eltern zu berücksichtigen, denen bis zur Volljährigkeit grundsätzlich die elterliche Sorge obliegt und damit auch die gesetzliche Vertretung des Kindes (Näheres dazu Kapitel 4.1). Mithin fallen also mit Blick auf Kinder die Rechtsträgerschaft (der Kinder selbst) und die Rechtswahrnehmungsmacht (im Wege der gesetzlichen Vertretung durch die Eltern) beim Kind im Regelfall auseinander (Wapler a.a.O., 161). Die **gesetzliche Vertretung** hat dabei mit dem Ziel der schrittweisen Berücksichtigung des eigenen Willens und der eigenen Vorstellungen des Kindes als wichtigen Elementen seiner Entwicklung zu erfolgen, die in Stufen zur allmählichen Selbstständigkeit führt. Um die Bedeutung des Kindeswillens mit dessen zunehmendem Alter zu stärken, greift das Gesetz zu unterschiedlichen **„Rechtstechniken"** (dazu ausführlich Schwab 2020, Rz. 697 ff.), etwa durch Statuierung:

- von Teil-Selbstständigkeiten des Kindes (Näheres dazu bei Kapitel 4.2.2 und 4.2.3),
- von Einwilligungserfordernissen durch das Kind selbst oder
- des Erfordernisses eigenen Handelns des Kindes, etwa bei der Einwilligung des Kindes ab dem 14. Lebensjahr in dessen Adoption (gemäß § 1747 Abs. 1 Satz 3 BGB).

### 2.3.3 Bedeutung der Unterscheidung der Begriffe „Kindeswohl" und „Kindeswille"

Die Unterscheidung der Begriffe „Kindeswohl" und „Kindeswille" ist **von erheblicher Bedeutung**, auch wenn Kriterien und Aspekte von Kindeswohl und Kindeswille oft parallel laufend, vielfach sogar identisch sein können. Im Grundsatz bedeutet **„Kindeswohl"** jedoch die Wahrnehmung der Interessen des Kindes aus einer „objektivierten" Sichtweise durch die Eltern und die Familiengerichte, während der **„Kindeswille"** und damit die subjektiven Interessen des Kindes dabei zwar zu berücksichtigen sind, ihnen aber nicht in jedem Falle zu entsprechen ist.

**Beispiele:** Das Kind äußerst seinen „Kindeswillen" dahingehend, dass es sich ein bestimmtes Spielzeug wünscht, bestimmte Hobbys ausüben oder sich mit bestimmten Menschen treffen möchte. Es ist Aufgabe der Eltern, in Wahrnehmung ihrer Elternpflicht und ihres Elternrechts auf Pflege und Erziehung des Kindes zum „Wohl des Kindes" zu entscheiden, ob sie dem jeweiligen Kindeswillen entsprechen oder nicht.

## Literaturhinweise

**ANTONI,** Michael 12 2018, Kommentierungen der Art. 1 bis 20 Grundgesetz, in: Wolff (Hg.). Baden-Baden.

**FISCHER,** Markus, UN-Kinderrechtskonvention, in: Wabnitz 2015a, Kapitel 14.

**RUX,** Johannes, 6 2018: Schulrecht. München.

**SCHWAB,** Dieter 28 2020: Familienrecht. München.

**WABNITZ,** Reinhard Joachim 2015b: 25 Jahre SGB VIII. Die Geschichte des Achten Buches Sozialgesetzbuch von 1990 bis 2015. Berlin.

**WABNITZ,** Reinhard Joachim 5 2019a: Grundkurs Familienrecht für die Soziale Arbeit. München.

**WAPLER,** Friederike 2015: Kinderrechte und Kindeswohl. Eine Untersuchung zum Status des Kindes im Öffentlichen Recht. Tübingen.

## 3. Eltern, Kinder und Verwandtenunterhalt

Von zentraler Bedeutung für Kindheitspädagogik und Familienbildung ist das Eltern-Kind-Verhältnis. Zwischen Eltern und Kindern können genetische (biologische), soziale und/oder rechtliche Beziehungen bestehen. Diese können kongruent sein, also „gleichzeitig" nebeneinander existieren, aber auch auseinanderfallen. Relevant für Unterhaltspflichten, elterliche Sorge und Umgangsrechte ist jedoch zumeist nur die **rechtliche Elternschaft** als rechtliche Zuordnung eines Kindes zu einer Mutter und/oder einem Vater. Die rechtliche Zuordnung von Kindern zu ihren Eltern (dazu: Wabnitz 2019a, Kapitel 4 und 11) erfolgt im BGB über die Begriffe **„Verwandtschaft"** (§ 1589) und **„Abstammung"** (§§ 1591 ff. – **Vaterschaft** und **Mutterschaft**), außerdem ggf. über eine **Annahme als Kind** (§§ 1741 ff.).

### 3.1 Verwandtschaft, Mutterschaft und Vaterschaft

#### 3.1.1 Verwandtschaft

Das BGB unterscheidet in § 1589 **zwei Arten der Verwandtschaft:**

> „Personen, deren eine von der anderen abstammt, sind in gerader Linie verwandt. Personen, die nicht in gerader Linie verwandt sind, aber von derselben dritten Person abstammen, sind in der Seitenlinie verwandt. Der Grad der Verwandtschaft bestimmt sich nach der Zahl der sie vermittelnden Geburten."

Verwandte **in gerader Linie** sind also „blutsverwandt": Urgroßeltern, Großeltern, Eltern, Kinder, Enkelkinder etc. Demgegenüber sind gemäß § 1589 Satz 2 BGB diejenigen Personen „in der **Seitenlinie** verwandt", die nicht miteinander in gerader Linie verwandt sind, aber von derselben dritten Person abstammen. Dies sind z.B. Geschwister, Vettern, Cousinen, Onkel und Tanten etc., die lediglich einen gemeinsamen Vorfahren haben. **Der Grad der Verwandtschaft** bestimmt sich gemäß § 1589 Satz 3 BGB nach der „Zahl der sie vermittelnden Geburten": dazu muss man die Anzahl der dafür „erforderlichen" Geburten durch Abzählen derselben ermitteln.

**Beispiel:** Ein junger Mann ist mit seinem Vater in gerader Linie und im ersten Grade verwandt, weil er von seinem Vater abstammt und für die Begründung dieser Verwandtschaft lediglich eine Geburt, nämlich seine eigene, erforderlich war; zu seinem Großvater besteht ein Verwandtschaftsverhältnis ebenfalls in gerader Linie und zweiten Grades, weil es dafür zweier Geburten: der des Vaters und des jungen Mannes, bedurfte.

Neben der Verwandtschaft kennt das BGB die **Schwägerschaft**. Gemäß § 1590 Abs. 1 Satz 1 BGB sind die Verwandten eines Ehegatten mit dem anderen Ehegatten nicht verwandt, sondern „verschwägert."

### 3.1.2 Mutterschaft

Die **Mutterschaft** wird gemäß § 1591 BGB durch die Geburt des Kindes begründet:

„Mutter eines Kindes ist die Frau, die es geboren hat". Dies gilt auch für den Fall, dass die Mutter z.B. aufgrund künstlicher Befruchtung (Samen-, Ei- oder Embryonen-Spende) ein Kind zur Welt bringt – und ohne dass die Gebärende etwa durch Vertrag mit der „Auftraggeberin" darüber disponieren könnte (Marx 2017, 1. Teil I 2.; Schwab 2020, § 49, VI). Die Mutterschaft kann auch nicht, anders als die Vaterschaft (siehe dazu sogleich 3.1.3), durch **Anfechtung** oder aufgrund anderer abstammungsrechtlicher Maßnahmen beseitigt werden, sondern allenfalls durch Annahme als Kind (§§ 1741 ff. BGB; siehe 3.2).

### 3.1.3 Vaterschaft

**Wesentlich komplizierter** als die Begründung der Mutterschaft ist die der rechtlichen **Vaterschaft** nach den §§ 1592 ff. BGB. Gemäß § 1592 BGB kommen **drei Formen der rechtlichen Vaterschaft** in Betracht:

„Vater eines Kindes ist der Mann,

1. der zum Zeitpunkt der Geburt mit der Mutter des Kindes verheiratet ist,
2. der die Vaterschaft anerkannt hat oder

3. dessen Vaterschaft nach § 1600d oder § 182 Abs. 1 des Gesetzes über das Verfahren in Familiensachen und in den Angelegenheiten der freiwilligen Gerichtsbarkeit gerichtlich festgestellt ist."

**Vaterschaft kraft Ehe.** § 1592 Nr. 1 BGB knüpft die rechtliche Zuordnung der Vaterschaft eines Mannes allein an die Tatsache, dass er zum Zeitpunkt der Geburt des Kindes **mit dessen Mutter verheiratet ist.** Juristisch spielt es also keine Rolle, ob der Mann auch zugleich der biologisch-genetische Vater ist; allerdings kann ggf. die rechtliche Vaterschaft durch Anfechtung gemäß § 1599 Abs. 1 BGB beseitigt werden.

**Vaterschaft aufgrund Anerkennung** (§ 1592 Nr. 2 BGB). Das Gesetz statuiert in §§ 1594 bis 1597 BGB **mehrere Voraussetzungen** für diese Form der rechtlichen Zuordnung eines Kindes zu einem Mann. Voraussetzungen dafür sind insbesondere die (unverzichtbare!) **Zustimmung der Mutter** (§ 1595 Abs. 1 BGB), die **öffentliche Beurkundung** (§ 1597 Abs. 1 BGB), die z.B. beim Notar oder (kostenfrei) beim Jugendamt erfolgen kann, und das **Nichtbestehen** der rechtlichen **Vaterschaft eines anderen Mannes** (§ 1594 Abs. 2 BGB).

**Vaterschaft aufgrund gerichtlicher Feststellung** (§ 1592 Nr. 3 BGB). In § 1600d BGB sowie in den §§ 169 ff. des Gesetzes über das Verfahren in Familiensachen und in den Angelegenheiten der freiwilligen Gerichtsbarkeit (FamFG) werden die Voraussetzungen und das Verfahren für die **Feststellung der Vaterschaft** durch das **Familiengericht** geregelt, die gemäß § 1600d Abs. 1 BGB immer dann zu erfolgen hat, wenn keine Vaterschaft nach § 1592 Nr. 1 oder Nr. 2 (oder § 1593) BGB besteht. Dabei wird gemäß § 1600d Abs. 2 BGB (widerlegbar) **als Vater vermutet**, wer der Mutter während der Empfängniszeit „beigewohnt" hat. Diese Vermutung gilt nicht, wenn schwerwiegende Zweifel an der Vaterschaft bestehen (Absatz 2 Satz 2).

**Beispiele:** Wenn die Mutter während der Empfängniszeit mit mehreren Männern Verkehr gehabt hatte oder wenn sich der Vater während der Empfängniszeit ununterbrochen im Ausland aufgehalten hat.

Die Vaterschaft aufgrund gerichtlicher Feststellung kann **nicht** durch **Anfechtung** beseitigt werden.

**Anfechtung der Vaterschaft.** Nicht immer ist, wie dargestellt, der rechtliche Vater gemäß § 1592 Nr. 1 BGB (Vaterschaft aufgrund Ehe) oder Nr. 2 BGB (Vaterschaft kraft Anerkennung) auch der genetisch-biologische Vater. Wie sich aus § 1599 Abs. 1 BGB ergibt, kann die Vaterschaft (nur) in diesen beiden Fällen von § 1592 Nr. 1 und 2 BGB (sowie im Falle von § 1593 BGB) angefochten werden. Die erfolgreiche Anfechtung bewirkt, dass durch das **Familiengericht** rechtsverbindlich **festgestellt** wird, dass der Mann (in den Fällen von § 1592 Nr. 1 und 2 sowie § 1593 BGB) eben doch **nicht** der **Vater** im Rechtssinne ist. Problematisch sind dabei mitunter Fragen der **Anfechtungsberechtigung** oder der Anfechtungsfrist. § 1600 Abs. 1 BGB lautet:

> „Berechtigt, die Vaterschaft anzufechten, sind:
> 1. der Mann, dessen Vaterschaft nach § 1592 Nr. 1 und 2, § 1593 besteht,
> 2. der Mann, der an Eides statt versichert, der Mutter des Kindes während der Empfängniszeit beigewohnt zu haben,
> 3. die Mutter und
> 4. das Kind."

Kompliziert ist die – eine Abwägung der Interessen des biologischen und des rechtlichen Vaters widerspiegelnde – Regelung der Anfechtungsberechtigung durch den sog. **biologischen Vater** nach Nr. 2 (Näheres bei Schwab 2020, § 49, IV. 5.; Wabnitz, 2019a, Kapitel 4.3.1).

- Dieser muss erstens **an Eides statt versichert** haben, der Mutter des Kindes während der Empfängniszeit **„beigewohnt"** zu haben.
- Zweitens muss es so sein, dass zwischen dem Kind und seinem rechtlichen Vater nach § 1592 Nr. 1 oder Nr. 2, § 1593

BGB **keine „sozial-familiäre Beziehung"** besteht oder zum Zeitpunkt seines Todes bestanden hat (§ 1600 Abs. 2 und 3 BGB).

- Und drittens setzt die Anfechtung durch den biologischen Vater gemäß § 1600 Abs. 2 BGB voraus, dass dieser tatsächlich (nachweislich) der **leibliche Vater** ist.

**Weitere Besonderheiten** der Anfechtungsberechtigung mit Blick auf Bevollmächtigte, gesetzliche Vertreter, Geschäftsunfähige, Minderjährige und geschäftsfähige Betreute ergeben sich aus den Regelungen des § 1600a Abs. 1 bis 5 BGB. Die Vaterschaft kann grundsätzlich **nur binnen zwei Jahren** ab Kenntnis der gegen die Vaterschaft sprechenden Umstände durch die Anfechtungsberechtigten angefochten werden (§ 1600b Abs. 1 BGB mit weiteren Besonderheiten gemäß Absatz 2 bis 6; insbesondere kann das Kind gemäß Absatz 3 ggf. ab Volljährigkeit selbst anfechten).

**Verfahren zur Klärung der Abstammung.** Gemäß § 1598a BGB haben außerdem Vater, Mutter und Kind jeweils gegenüber den anderen beiden Personen einen **Anspruch auf Klärung der genetischen Abstammung unabhängig** von einem eventuellen Verfahren zur Anfechtung der Vaterschaft.

**Beispiel:** Ein Ehemann hat Zweifel an der genetischen Abstammung seines Kindes von ihm, nachdem er nunmehr von einer außerehelichen Beziehung seiner Ehefrau im Jahr vor der Geburt des Kindes erfahren hat. Er ist sich zwar noch nicht schlüssig, ob er eine „rechtliche Trennung" von seinem Kind wirklich möchte, aber er will hinsichtlich der Frage der genetischen Abstammung Klarheit erlangen. Diese Klarheit kann er (außer durch Anfechtung der Vaterschaft) auch über den Weg nach § 1598a BGB gewinnen.

## 3.2 Adoption

Annahme als Kind (Adoption) bedeutet Herausnahme eines Kindes aus seinen rechtlichen (und zumeist auch sozialen, wenn auch nicht genetischen) Beziehungen zu seiner bisherigen Mutter und/oder seinem bisherigen Vater und **Begründung eines neuen rechtlichen Eltern-Kind-Verhältnisses** zu einer „neuen" rechtlichen Mutter und/oder einem „neuen" rechtlichen Vater (im Einzelnen Schwab 2020, § 68; Wabnitz 2019a, Kapitel 11).

### 3.2.1 Materielle Zulässigkeitsvoraussetzungen

Im Folgenden wird nur auf die insoweit einschlägigen Bestimmungen des **BGB** und das erforderliche familiengerichtliche Verfahren eingegangen, dem in der Praxis oft ein Adoptionsvermittlungsverfahren nach dem **Adoptionsvermittlungsgesetz** (AdVermiG) vorausgeht.

Die förmliche **Initiative** zur Einleitung des Adoptionsverfahrens geht von den/dem/der **Annehmenden** aus, die gemäß § 1752 Abs. 1 BGB einen entsprechenden **Antrag** beim **Familiengericht** stellen und bestimmte persönliche Voraussetzungen nach den §§ 1741 bis 1743 BGB erfüllen müssen (insbesondere: zumeist Vollendung des 25. Lebensjahres). Ziel, Maßstab und wesentliche materielle Voraussetzung für eine Annahme als Kind ist, dass diese dem **Wohl des Kindes** dient und zu erwarten ist, dass zwischen dem/der/den Annehmenden und dem Kind ein **Eltern-Kind-Verhältnis entsteht** (§ 1741 Abs. 1 Satz 1 BGB). Das „Elternwohl" spielt dabei keine rechtlich relevante Rolle. Außerdem darf das Gericht die Annahme als Kind nicht aussprechen, wenn Interessen von anderen Kindern nach § 1745 BGB entgegenstehen.

### 3.2.2 Einwilligungen

In die Annahme als Kind müssen **mehrere Personen** einwilligen. Zunächst bedarf es der **Einwilligung des Kindes**, im Alter von unter 14 Jahren vertreten durch den gesetzlichen Vertreter, im Alter ab 14 Jahren jedoch durch das Kind selbst mit Zustimmung des gesetzlichen Vertreters (§ 1746 Abs. 1 BGB). Ohne seine persönliche Einwilligung kann ein mindestens 14 Jahre altes Kind also nicht adoptiert werden! Einwilligen in die Annahme als Kind müssen gemäß § 1747 BGB auch die „bisherigen" **Eltern**, also die Mutter und der (rechtliche) Vater des Kindes, auch wenn diese keine elterlichen Sorgerechte haben. Nur ausnahmsweise kann die Ersetzung einer fehlenden Einwilligung eines Elternteils in die Annahme als Kind durch das **Familiengericht** gemäß § 1748 BGB in den dort im Einzelnen umschriebenen fünf gravierenden Fällen in Betracht kommen, bei denen das Unterbleiben der Annahme einen erheblichen Nachteil für das Kind hätte (dazu Schwab 2020, § 68 II.3.; Wabnitz 2019a, Kapitel 11.1.3). Ggf. ist auch eine Einwilligung von Ehegatten gemäß § 1749 BGB erforderlich.

Mit der **Einwilligung** der Eltern in die Annahme als Kind ist eine Art „Zwischenstadium" erreicht. Deshalb **ruhen** gemäß § 1751 Abs. 1 Satz 1 BGB deren **Sorge- und Umgangsrechte**; in der Regel wird das Jugendamt gemäß § 1751 Abs. 1 Satz 2, 1. Halbsatz BGB Amtsvormund. Zugleich gehen die **Unterhaltsverpflichtungen** gemäß § 1751 Abs. 4 Satz 1 BGB auf die/den Annehmende(n) über, die auch Sorgerechte in Alltagsangelegenheiten erlangen.

### 3.2.3 Wirkungen der Annahme als Kind

Aufgrund eines rechtskräftigen Beschlusses **des Familiengerichts** nach § 1752 BGB erfolgt die grundsätzlich unaufhebbare Annahme als Kind (vgl. jedoch § 1763 BGB). Damit erlangt das Kind gemäß § 1754 BGB die **rechtliche Stellung eines Kindes des/der Annehmenden** mit u.a. den folgenden umfassenden rechtlichen Wirkungen: Begründung verwandtschaftlicher Beziehungen zu den „neuen" Eltern, Unterhaltsrechte und -pflichten, elterliches Sorgerecht, Erbrecht, Annahme des Namens und (grundsätzlich) des Wohnsitzes der/des Annehmenden, Erwerb der deutschen Staatsangehörigkeit (bei Ausländerinnen und Ausländern). Gemäß § 1755 BGB erlöschen die Verwandtschaftsverhältnisse des (minderjährigen) Kindes und seiner Abkömmlinge zu den bisherigen Verwandten und die sich daraus ergebenden Rechte und Pflichten.

## 3.3 Verwandtenunterhalt

Das Thema Verwandtenunterhalt ist eines der kompliziertesten Themen des Familienrechts; dies vor allem deshalb, weil wichtige Details gar nicht im Gesetz geregelt, sondern erst durch die Rechtsprechung geklärt worden sind.

### 3.3.1 Wiederkehrende Fragestellungen beim Verwandtenunterhalt

**Zunächst** müssen **immer** die Voraussetzungen der §§ 1601, 1602 und 1603 BGB erfüllt sein!

Gemäß § 1601 BGB sind (nur!) **„Verwandte in gerader Linie"** im Sinne von § 1589 Satz 1 BGB verpflichtet, „einander **Unterhalt** zu gewähren." Unterhaltsverpflichtungen zwischen Verwandten in gerader Linie sind **„in beide Richtungen"** denkbar, z.B. auch von erwachsenen Söhnen und Töchtern gegenüber ihren (zumeist alten) Eltern, etwa bei Pflegebedürftigkeit.

**Unterhaltsberechtigt** ist nur, „wer außerstande ist, sich selbst zu unterhalten", und deshalb **bedürftig** ist (§ 1602 Abs. 1 BGB). Die/der im Sinne von § 1602 Abs. 1 BGB „Bedürftige" muss, um unterhaltsberechtigt zu sein, „vorher" dreierlei „eingesetzt" haben:

- sein (Kapital-, Sach- und sonstiges) **Vermögen**,
- sein **Einkommen** (dazu zählen auch Sozialleistungen, auch nach dem BAföG!) und
- seine **Arbeitskraft**.

Mit Blick auf Letztere wird ein sehr **strenger Maßstab** angelegt: Die/derjenige, die/der Unterhalt nach den §§ 1601 ff. BGB begehrt, muss äußerste Anstrengungen unternommen haben, um den Unterhalt selbst zu bestreiten. Sie/er muss praktisch jede zumutbare Tätigkeit annehmen (Schwab 2020, § 73 I. 2.). Eine wichtige **Ausnahme** davon besteht mit Blick auf **minderjährige Kinder** nach § 1602 Abs. 2 BGB, die lediglich ihr Einkommen (z.B. als Auszubildende) sowie die Zinsen aus einem eventuell vorhandenen, etwa ererbten Vermögen einsetzen müssen, **nicht** jedoch auch den **Stamm dieses Vermögens**.

**Beispiel:** Ein 15-Jähriger, der von seiner Patentante 20.000 € geschenkt bekommen hat, muss nur die daraus resultierenden Zinseinnahmen, nicht jedoch die 20.000 € zur Verfügung stellen.

Schließlich muss der in Anspruch Genommene auch **„leistungsfähig"** sein. Dies ist gemäß § 1603 Abs. 1 BGB lediglich derjenige **nicht**, „wer bei Berücksichtigung seiner sonstigen Verpflichtungen außerstande ist, ohne Gefährdung seines angemessenen Unterhalts den Unterhalt zu gewähren." Hinsichtlich des Einsatzes von

**Einkommen, Vermögen** und **Arbeitskraft** (des ggf. Unterhaltspflichtigen) gelten zunächst gleichsam „spiegelbildlich" dieselben **strengen Maßstäbe** wie auf der Seite des Bedürftigen (vgl. Schwab 2020, § 73 I. 2.; Wabnitz 2019a, Kapitel 5.1.3).

**Beispiel:** Einem nach § 1603 Abs. 1 BGB Verpflichteten wird auch ein ggf. zwecks Arbeitsaufnahme erforderlicher Wohnortwechsel oder die Aufnahme zusätzlicher Gelegenheits- oder Aushilfstätigkeiten zugemutet.

Allerdings sind gemäß § 1603 Abs. 1 BGB auf der Seite der/des Unterhaltsverpflichteten auch deren/dessen **„sonstige Verpflichtungen"** zu berücksichtigen. Dies sind z.B. andere private Unterhaltsverpflichtungen (etwa für Ehepartner und weitere Kinder) sowie öffentlich-rechtliche Verpflichtungen (z.B. zur Zahlung von Steuern und Sozialabgaben). Des Weiteren darf die/der (ggf.) Unterhaltspflichtige gemäß § 1603 Abs. 1 BGB nicht „außerstande" sein, **„ohne Gefährdung seines angemessenen Unterhalts"** den Unterhalt zu gewähren. Ihr/Ihm verbleibt also, abgesehen von den Ausnahmen nach § 1603 Abs. 2 BGB (dazu Wabnitz, a.a.O.), ein im Gesetz nicht näher bezifferter Eigenbedarf (Selbstbehalt).

### 3.3.2 Rangfolgen beim Verwandtenunterhalt

Es ist häufig so, dass bei mehreren Verwandten in gerader Linie (nach §§ 1601, 1589 Satz 1 BGB) auch **mehrere Unterhaltsverpflichtete** vorhanden sind, z.B. Eltern, Großeltern sowie eventuell ein Ehe- oder Lebenspartner. In den §§ 1608 Satz 1 und 1606 BGB werden deshalb die folgenden Regelungen für **„Konkurrenzfälle"** getroffen:

Gemäß § 1608 BGB sind **Ehegatten und Lebenspartner** einander grundsätzlich vorrangig unterhaltsverpflichtet. Dann folgen gemäß § 1606 Abs. 1 BGB die **„Abkömmlinge"** (also Kinder, Enkelkinder usw.), und zwar generationsweise („die Näheren vor den Entfernteren") gemäß § 1606 Abs. 2 BGB und ggf. anteilig (§ 1606 Abs. 3 Satz 1 BGB); als Letzte folgen gemäß § 1606 Abs. 1 BGB **Verwandte „aufsteigender Linie"** (also Eltern, Großeltern usw.) nach denselben Maßstäben von § 1606 Abs. 2 und 3 BGB.

Häufig gibt es andererseits auch **mehrere Unterhaltsberechtigte,** denen allen (!) der Unterhaltsverpflichtete grundsätzlich Unterhalt zu leisten hat. Sollte er dazu jedoch ausnahmsweise wegen eingeschränkter Leistungsfähigkeit (§ 1603 BGB) nicht in der Lage sein, gibt es gemäß § 1609 Nrn. 1 bis 7 BGB eine exakte **Rangfolge der Unterhaltsberechtigten.**

**Beispiel:** Ein 50-jähriger Mann hat aus erster, geschiedener Ehe eine unterhaltsbedürftige frühere Ehefrau und einen 20-jährigen studierenden Sohn aus dieser Ehe; eine unterhaltsbedürftige zweite Ehefrau, die die gemeinsamen Kinder im Alter von ein und zwei Jahren betreut; und schließlich eine schwerstpflegebedürftige alte Mutter im Altersheim, deren Rente und Pflegeversicherung nicht zur Bestreitung der Heimkosten ausreichen. Der Mann ist jedoch außerstande, allen Unterhalt zu gewähren. Deshalb gilt gemäß § 1609 Nrn. 1 bis 4 sowie Nr. 6 BGB die folgende Rangfolge:

1. die beiden kleinen Kinder aus zweiter Ehe;
2. die diese Kinder betreuende zweite Ehefrau als Mutter;
3. die frühere Ehefrau;
4. der studierende Sohn aus erster Ehe;
5. die alte Mutter.

### 3.3.3 Art, Maß und Höhe des Verwandtenunterhalts

Verwandtenunterhalt ist gemäß § 1612 Abs. 1 BGB grundsätzlich durch Entrichtung einer **Geldrente** zu gewähren, die nach § 1612 Abs. 3 Satz 1 BGB **monatlich im Voraus** zu zahlen ist. Diese Regelung wäre jedoch mit Blick insbesondere auf kleine Kinder unpraktikabel. Der Gesetzgeber räumt deshalb den Eltern in § 1612 Abs. 2 BGB (nur!) mit Blick auf unverheiratete, minderjährige und volljährige Kinder ein **Bestimmungsrecht** dahingehend ein, dass sie entscheiden können, **auf welche Weise** sie ihren Kindern Unterhalt gewähren, z.B. üblicherweise durch Wohnen, Versorgung und Verpflegung im elterlichen Haushalt (sog. „**Naturalunterhalt**"). Dabei müssen sie allerdings auf die Belange des Kindes die **„gebotene Rücksicht"** nehmen.

In diesem Zusammenhang kann es bei älteren Kindern, die „auf Kosten der Eltern“ ausziehen und eine eigene Wohnung nehmen möchten, zu **Konflikten** kommen. Dennoch: **Auch bei volljährigen Kindern** bleibt es bei dem genannten Bestimmungsrecht der Eltern, solange das „Kind“ nicht verheiratet ist, es sei denn, dies wäre für den/die junge Volljährige(n) **unzumutbar**.

**Beispiele:** Das Verhältnis zu den Eltern ist völlig zerrüttet oder die Entfernung von der elterlichen Wohnung zur Hochschule beträgt mehr als drei Stunden täglich für die Hin- und Rückfahrt. Dann kann nach der Rechtsprechung Unterhalt in Form einer Geldrente verlangt werden (BGH FamRZ 1983, 369; 1984, 37; 1988, 831; BGHZ 104, 224; OLG Celle FamRZ 2001,116, sowie ZKJ 2007, 31; OLG Frankfurt/Main FamRZ 2001, 116).

Gemäß § 1610 Abs. 1 BGB bestimmt sich das **Maß des zu gewährenden Unterhalts** nach der Lebensstellung der/des Bedürftigen **(„angemessener Unterhalt“)**. Der Unterhalt umfasst gemäß § 1610 Abs. 2 BGB den **gesamten Lebensbedarf** der/des Unterhaltsberechtigten und damit grundsätzlich alles, was diese/r üblicherweise zum Leben („nach der Lebensstellung“) benötigt. Bestandteile des nach § 1610 Abs. 2 BGB geschuldeten Unterhalts sind **auch** die **„Kosten einer angemessenen Vorbildung zu einem Beruf“**, ggf. auch bis ins Erwachsenenalter hinein. Während dieser Zeit wird Auszubildenden und Studierenden die Aufnahme einer eigenen Erwerbstätigkeit grundsätzlich nicht zugemutet. Die jeweilige Ausbildung soll den **Neigungen und Fähigkeiten** des jungen Menschen entsprechen und zügig betrieben werden (bei Berücksichtigung individueller Umstände). Sie ist für eine angemessene Dauer durch die Unterhaltsverpflichteten in den Grenzen des für sie wirtschaftlich Zumutbaren zu gewährleisten.

Geschuldet ist von diesen die Übernahme der Kosten **einer (!)** angemessenen Vorbildung zu **einem** Beruf. Grundsätzlich **nicht** geschuldet sind darüber hinaus die Kosten einer eventuellen **Zweitausbildung.** Die Rechtsprechung hat hier nur sehr wenige Ausnahmen von diesem Grundsatz anerkannt (insbesondere bei den sog. **„Abitur-Lehre-Studium-Fällen“**: Nur bei dieser Reihenfolge der Ausbildungsabschnitte und bei engem sachlichem und zeitlichem Zusammenhang von Ausbildung und Studium und bei wirtschaftlicher Zumutbarkeit seitens der Eltern; BGHZ 107, 376 ff.; BGH FamRZ 2001, 1601; BGH NJW 2006, 2984; Schwab 2020, § 74 V. 2.).

**Beispiel:** Eine Studentin hat erst ihr Abitur abgelegt (allgemeine Hochschulreife), dann eine Lehre als Bauzeichnerin absolviert und direkt danach ein Architekturstudium angeschlossen („einheitlicher Gesamt-Ausbildungsgang"). Die Eltern müssen ihr nach der Rechtsprechung auch das Studium finanzieren, wenn ihnen dies wirtschaftlich zumutbar ist.

Zur Frage der konkreten **Höhe des Unterhalts** enthält § 1610 Abs. 1 BGB lediglich den Hinweis: Der Unterhalt „bestimmt sich nach der Lebensstellung des Bedürftigen **(„angemessener Unterhalt")**". Der jeweils im Einzelfall in Euro-Beträgen festzusetzende konkrete Unterhalt ist im Streitfall von den **Familiengerichten** unter Würdigung aller relevanten Umstände und der Belange der Beteiligten festzusetzen. Die Gerichte orientieren sich bei ihren Entscheidungen in erheblichem Umfang an **Richtlinien** wie z. B. der sog. **Düsseldorfer Tabelle** oder ähnlichen Empfehlungen, die jedoch **keine Gesetzeskraft** haben. Die Düsseldorfer Tabelle enthält u. a. detaillierte Empfehlungen betreffend den **Kindesunterhalt** nach §§ 1601 ff. BGB (Teil A. mit einer detaillierten Tabelle mit Euro-Beträgen, gestaffelt zum einen nach dem Netto-Einkommen des/der Unterhaltspflichtigen und zum anderen nach dem Alter des Kindes).

**Unterhalt aus Anlass der Geburt.** Dem Verwandtenunterhaltsanspruch nachgebildet ist der unter den Voraussetzungen von § 1615 l BGB bestehende **Unterhaltsanspruch aus Anlass der Geburt eines Kindes** von (rechtlichen!) Eltern, die nicht miteinander verheiratet sind. Dieser Anspruch, zumeist der Mutter, besteht für sechs Wochen vor und acht Wochen nach der Geburt – und sodann ggf. für drei Jahre nach der Geburt oder sogar noch länger (vgl. § 1615 l Abs. 2 BGB).

## Literaturhinweise

**HEISS,** Beate/Born, Winfried (Hg.) 56 2019: Unterhaltsrecht. Loseblatt-Handbuch. München.

**MARX,** Ansgar 3 2017: Familienrecht für soziale Berufe. Köln.

**SCHWAB,** Dieter 28 2020: Familienrecht. München.

**WABNITZ,** Reinhard Joachim 5 2019a: Grundkurs Familienrecht für die Soziale Arbeit. München.

# 4. Elterliche Sorge und Umgang

## 4.1 Begriff, Erwerb und wesentliche Inhalte der elterlichen Sorge

### 4.1.1 Begriff und Erwerb der elterlichen Sorge

Elterliche Sorge ist ein **Sammelbegriff** für die wichtigsten privatrechtlichen Beziehungen zwischen Eltern und Kindern nach den §§ 1626 bis 1698b BGB (Wabnitz 2019a, Kapitel 7 bis 10; Fröschle 2017, Rz. 324). Die elterliche Sorge beinhaltet zugleich die wichtigsten Funktionen der **elterlichen Verantwortung** im Zusammenhang mit ihrem verfassungsrechtlich geschützten, pflichtengebundenen Elternrecht nach Art. 6 Abs. 2 Satz 1 GG (siehe dazu Kapitel 2.1.1). Der frühere Rechtsbegriff „Elterliche Gewalt“ wurde 1980 durch den seitdem gültigen Begriff der „elterlichen Sorge“ abgelöst und 1998 mit der Einfügung partnerschaftlicher Beziehungsmerkmale in § 1626 Abs. 2 BGB in die derzeit gültige, modernen Anschauungen entsprechende Gesetzesform gebracht. **Grundtypen** der elterlichen Sorge sind die **gemeinsame elterliche Sorge** durch beide Eltern und die **Alleinsorge** durch einen Elternteil.

Elterliche Sorge umfasst gemäß § 1626 Abs. 1 Satz 2 BGB die Sorge für die Person (Personensorge) und das Vermögen des Kindes (Vermögenssorge). Daran knüpft gemäß § 1629 Abs. 1 Satz 1 BGB jeweils die gesetzliche Vertretung an, sodass die elterliche Sorge die folgenden **Elemente** beinhaltet:

- **Personensorge** § 1626 Abs. 1 sowie § 1629 BGB (gesetzliche Vertretung dabei)
- **Vermögenssorge** § 1626 Abs. 1 sowie § 1629 BGB (gesetzliche Vertretung dabei)

Man muss also **unterscheiden** zwischen:

- Personensorge in tatsächlicher Hinsicht (**Beispiel:** Erziehung, Pflege und Beaufsichtigung des Kindes),
- gesetzlicher Vertretung in Personensorge-Angelegenheiten (**Beispiel:** Abschluss eines Vertrages über den Besuch einer Kindertageseinrichtung),

- Vermögenssorge in tatsächlicher Hinsicht (**Beispiel:** Pflege und Instandhaltung eines Hauses, das im Eigentum des Kindes steht),
- gesetzlicher Vertretung in Vermögenssorge-Angelegenheiten (**Beispiel:** Eröffnung eines Sparkontos etc. für das Kind).

Der **Erwerb** der elterlichen Sorge setzt zunächst voraus, dass es sich um eine **Mutter** bzw. einen **Vater** im Rechtssinne gemäß §§ 1591, 1592 Nr. 1, 2 oder 3 BGB handelt (siehe dazu Kapitel 3.1.2 und 3.1.3). Sodann muss einer der **fünf Erwerbstatbestände** der elterlichen Sorge gemäß § 1626a BGB erfüllt sein (Wabnitz 2019a, Kapitel 7):

- Gemeinsame Sorge beider, bereits bei der Geburt des Kindes miteinander verheirateter Eltern; dies ergibt sich aus einem Umkehrschluss aus § 1626a Abs. 1 BGB („Sind die Eltern nicht …")
- Gemeinsame Sorge beider, nicht miteinander verheirateter Eltern aufgrund von Sorgeerklärungen beider Eltern (§ 1626a Abs. 1 Nr. 1 BGB)
- Gemeinsame Sorge beider Eltern ab dem Zeitpunkt der Heirat nach der Geburt des Kindes (§ 1626a Abs. 1 Nr. 2 BGB)
- Gemeinsame Sorge beider Eltern aufgrund einer Entscheidung des Familiengerichts (§ 1626a Abs. 1 Nr. 3, Abs. 2 BGB)
- Alleinige Sorge der Mutter (§ 1626a Abs. 3 BGB: „Im Übrigen").

### 4.1.2 Ausübung der elterlichen Sorge

Bei **Alleinsorge** obliegen dem jeweiligen Elternteil alle Rechte und Pflichten im Bereich der elterlichen Sorge allein. Haben die Eltern die **elterliche Sorge gemeinsam** inne, so üben sie diese auch gemeinsam aus, und zwar gemäß § 1627 Satz 1 BGB in eigener Verantwortung und in gegenseitigem **Einvernehmen** zum Wohl des Kindes. Bei Meinungsverschiedenheiten müssen sie versuchen, sich zu einigen (Satz 2). Können sich die Eltern in einer einzelnen Angelegenheit oder in einer bestimmten Art von Angelegenheiten der elterlichen Sorge für das Kind nicht einigen, so kann das Familiengericht auf Antrag eines Elternteils die Entscheidung einem Elternteil übertragen (§ 1628 Satz 1 BGB); dies allerdings nur bei Angelegenheiten „von **erheblicher Bedeutung**".

**Beispiele:** Angelegenheiten von erheblicher Bedeutung für das Kind sind etwa: die Entscheidung über den Besuch einer weiterführenden Schule, über einen Umzug an einen anderen Ort, die Berufswahl, über einen längeren Auslandsaufenthalt oder eine große, ggf. medizinisch riskante Operation (außer in Notfällen).

**Wohl des Kindes:** Zentrales Prinzip und durchgängiger Maßstab für die Ausübung der elterlichen Sorge ist das Wohl des Kindes – und nicht das Wohl der Sorgeberechtigten, wie dies generell in § 1697a BGB und in zahlreichen weiteren Bestimmungen (vgl. z.B. §§ 1626 Abs. 3, 1626a Abs. 2, 1627, 1666, 1671, 1678 Abs. 2, 1680 Abs. 2, 1684 Abs. 4, 1685 Abs. 1, 1686, 1686a BGB) formuliert ist. „Wohl des Kindes" ist ein unbestimmter Rechtsbegriff.

Dieser muss im Einzelfall mit Blick auf das betroffene Kind und dessen konkrete Lebenssituation und mit Blick auf das Ziel seiner Förderung zu einer eigenverantwortlichen und gemeinschaftsfähigen Persönlichkeit (vgl. auch § 1 Abs. 1 SGB VIII) konkretisiert werden (dazu ausführlich Schwab 2020, Rz. 664 ff.). Das **„Kindeswohlprinzip"** wird in § 1697a BGB in allgemeiner Form wie folgt umschrieben:

> „Soweit nicht anders bestimmt ist, trifft das Gericht in Verfahren über die in diesem Titel geregelten Angelegenheiten diejenige Entscheidung, die unter Berücksichtigung der tatsächlichen Gegebenheiten und Möglichkeiten sowie der berechtigten Interessen der Beteiligten dem Wohl des Kindes am besten entspricht".

Zum Themenkomplex **Gefährdung des Kindeswohls** und Eingriffe in das elterliche Sorgerecht siehe ausführlich Kapitel 5.2.3 sowie Kapitel 10.

**Entwicklungsstand und Bedürfnisse des Kindes:** Auch diese sind wesentliche Parameter für die Wahrnehmung der elterlichen

Sorge, wie bereits aus § 1626 Abs. 2 BGB folgt. Reife und Selbstständigkeit werden nicht automatisch mit Vollendung des 18. Lebensjahres eintreten, sondern sind Ergebnisse eines allmählichen Prozesses. Dem sollen die Eltern durch schrittweises Einbeziehen der jungen Menschen in die für sie relevanten Entscheidungen Rechnung tragen und, wenn dies nach deren Entwicklungsstand angezeigt ist, dabei Einvernehmen mit ihnen in Fragen der elterlichen Sorge anstreben.

### 4.1.3 Personensorge und Vermögenssorge

Die **Personensorge** betrifft umfassend alle Betreuungsaufgaben, die sich auf die Person des Kindes beziehen (dazu: Wellenhofer 2019, § 33). Auch das **Umgangsrecht** ist **Bestandteil der (elterlichen) Personensorge,** kann jedoch auch anderen Personen „isoliert" zustehen, die nicht zugleich Inhaber der elterlichen Sorge sind; dazu Kapitel 4.3. Das Personensorgerecht hat des Weiteren insbesondere die folgenden Bestandteile:

**Erziehung und Pflege des Kindes** (§§ 1626, 1631 BGB). **Entsprechend dem jeweiligen Alter des Kindes und seinem Entwicklungsstand** stehen Liebe, Präsenz, Ernährung, Kleidung, Körper- und Gesundheitspflege, Schutz und Fürsorge, Setzen von Grenzen, Einübung von sozialen Normen und Werten, Ausüben von Vorbildfunktionen, Fördern der Gemeinschaftsfähigkeit, Bildung, Vermittlung von Wissen und praktischen Fähigkeiten etc. im Vordergrund. Gemäß § 1631 Abs. 2 Satz 1 BGB haben Kinder ein **Recht auf gewaltfreie Erziehung,** und nach Satz 2 sind **körperliche Bestrafungen, seelische Verletzungen und andere entwürdigende Maßnahmen unzulässig.**

**Beispiel:** Die früher üblichen Prügelstrafen sind danach, wie auch Ohrfeigen und sonstige Schläge, auch der „Klaps auf den Po", unzulässig. Bei gravierenden Verstößen dagegen kann dies Konsequenzen haben, u.a. im Strafrecht und in Form von Entzug oder Einschränkung von Sorgerechten nach § 1666 BGB.

**Beaufsichtigung/Aufenthaltsbestimmung** (§§ 1631, 1631b, 1632 BGB). Hier geht es um das Recht und die Pflicht, das Kind zu beaufsichtigen und seinen Aufenthalt zu bestimmen (zu den Konsequenzen von Aufsichtspflichtverletzungen siehe Kapitel 11). Inhalt und Intensität der **Aufsichtspflicht** richten sich vor allem nach dem **Alter**, dem Gesundheitszustand, dem **Reifegrad** des/der Minderjährigen, der jeweiligen **Gefahrensituation** und den sonstigen **konkreten Umständen**, auch nach pädagogischen Gesichtspunkten – jeweils mit dem Ziel des Schutzes des/der Minderjährigen vor Gefahren und Schäden. Über den **Aufenthalt** des/der Minderjährigen **zu bestimmen** bedeutet, darüber zu entscheiden, an welchen Orten und bei welchen Personen oder Veranstaltungen etc. sich der junge Mensch (nicht) aufhalten darf oder soll. Dies ist auch für Dritte verbindlich, denen gegenüber ggf. gemäß § 1632 Abs. 1 BGB ein sog. **Herausgabeanspruch** betreffend den/die Minderjährige(n) geltend gemacht werden kann, wenn sich diese/r dort entgegen einer Entscheidung der/des Personensorgeberechtigten und damit „**widerrechtlich**“ aufhält.

**Beispiel:** Die Eltern haben ihr Kind zwecks Schulbesuchs und Erziehung in ein Internat gegeben. Nach erheblicher Unzufriedenheit kündigen sie nach einem Jahr (frist- und formgerecht) den Aufnahmevertrag und fordern die „Herausgabe“ des Kindes, obwohl der Internatsleiter das Kind gerne weiter behalten möchte. Da das Kind nunmehr den Eltern im Sinne von § 1632 Abs. 1 BGB „widerrechtlich“ vorenthalten würde, muss der Internatsleiter es nunmehr „herausgeben“.

**Ausbildung** (§ 1631a BGB). Mit Blick auf die überragende Bedeutung von Ausbildung und Beruf fordert § 1631a BGB von den Eltern Rücksichtnahme auf die entsprechende Eignung und Neigung des Kindes/Jugendlichen und ggf. die Einholung geeigneter Ratschläge.

**Gesundheit** (§§ 1631, 1631c, 1631d BGB). Die Personensorge umfasst auch die alters- und bedarfsadäquate Körper- und Gesundheitspflege, die Sorge für das gesundheitliche Wohlergehen des Kindes und die adäquate Behandlung von Krankheiten u.a.

**Vermögenssorge.** Dieser andere Teil der elterlichen Sorge neben der Personensorge nach § 1626 Abs. 1 Satz 2 BGB bedeutet

Sorge für das Vermögen des Kindes mit dem Ziel der Erhaltung, Vermehrung oder ggf. wirtschaftlichen Verwertung desselben. Das BGB trifft in den §§ 1638 bis 1649 **umfangreiche Regelungen** über die (tatsächliche) Vermögenssorge sowie die gesetzliche Vertretung dabei.

## 4.2 Gesetzliche Vertretung

### 4.2.1 Grundregelungen

Gemäß § 1629 Abs. 1 Satz 1 BGB umfasst die elterliche Sorge die gesetzliche Vertretung des Kindes. Wie in Kapitel 4.1.1 dargestellt, sind dabei die tatsächliche Personensorge (siehe 4.1.3), die tatsächliche Vermögenssorge (4.1.3) und die damit zumeist, aber nicht immer verbundene gesetzliche Vertretung bei der Personensorge und bei der Vermögenssorge voneinander zu unterscheiden. Auf die beiden zuletzt genannten Themen ist nunmehr im Folgenden einzugehen.

**Minderjährige benötigen** für die Vornahme wirksamer rechtsgeschäftlicher Handlungen – insbesondere zum Abschluss von Verträgen – grundsätzlich einen **gesetzlichen Vertreter.** Das gilt ausnahmslos für das geschäftsunfähige Kind (§ 104 Nr. 1 BGB), das das siebente Lebensjahr noch nicht vollendet hat, und zumeist auch für beschränkt geschäftsfähige Minderjährige im Alter von sieben bis unter 18 Jahren (§§ 106, 107 BGB – mit wenigen Ausnahmen nach §§ 110 bis 113 BGB). Die gesetzliche Vertretung des Kindes wird grundsätzlich von der elterlichen Sorge (sowohl von der Personen- als auch der Vermögenssorge) **mit umfasst** (§ 1629 Abs. 1 Satz 1 BGB). Die gesetzliche Vertretungsmacht korrespondiert also grundsätzlich mit dem Sorgerecht beider Eltern bzw. der/des allein Sorgeberechtigten.

Bei **Alleinsorge** vertritt derjenige Elternteil das Kind, der die elterliche Sorge allein ausübt (§ 1629 Abs. 1 Satz 3 BGB). Bei **gemeinsamer** elterlicher **Sorge** vertreten **beide Eltern** das Kind gemeinschaftlich (§ 1629 Abs. 1 Satz 2, 1. Halbsatz BGB).

**Beispiel:** Der 16-jährige Sohn S. seiner beiden gemeinsam sorgeberechtigten Eltern M. (Mutter) und V. (Vater) möchte eine Zeitschrift abonnieren. Beide Eltern müssen dem entsprechenden Abovertrag zustimmen.

**Ausnahmen** von diesem grundsätzlichen Zustimmungserfordernis durch beide Eltern bestehen allerdings bei:

- Entscheidungsübertragung auf einen Elternteil nach § 1628 BGB bei Nichteinigung der Eltern (§ 1629 Abs. 1 Satz 3 BGB);
- Gefahr im Verzug (§ 1629 Abs. 1 Satz 4 BGB), **z.B.** bei dringend notwendig werdender Operation; sowie
- Unterhaltsfragen (vgl. § 1629 Abs. 2 Satz 2, Abs. 3 BGB); bei gemeinsamer Sorge müsste sich der unterhaltspflichtige Elternteil sonst quasi „selbst verklagen".

Obwohl die gesetzliche Vertretung des/der Sorgeberechtigten bei Vorliegen der oben dargestellten Voraussetzungen (und bis zur Vollendung des 18. Lebensjahres der/des Minderjährigen) grundsätzlich unbeschränkt ist, gibt es von diesem Grundsatz eine Reihe von **Ausnahmen** in Form von gesetzlichen Beschränkungen, Modifizierungen und Ausschlussgründen. Darüber hinaus beschränkt sich die Haftung des volljährig gewordenen „Kindes" für Verbindlichkeiten, die die Eltern als gesetzliche Vertreter während der Minderjährigkeit begründet haben, gemäß § 1629a BGB grundsätzlich auf den Bestand des bei Eintritt der Volljährigkeit vorhandenen Vermögens. Folgende **Grenzen** der gesetzlichen Vertretung sind von Bedeutung (Näheres bei Wabnitz 2019a, Kapitel 8.2):

- §§ 110, 112, 113 BGB (Kind ist „teil-selbstständig")
- § 1630 BGB (bei Bestellung eines Pflegers)
- §§ 181, 1629 Abs. 2 Satz 1, 1795 BGB (Fälle möglicher Interessenskollision)
- § 1643 i.V.m. §§ 1821, 1822 BGB (Genehmigung des Familiengerichts erforderlich)

### 4.2.2 (Teil)-„Selbstständigkeit" des Kindes

Grenzen der gesetzlichen Vertretung bestehen zunächst naturgemäß dort, wo der/die Minderjährige ausnahmsweise im juristischen Sinne als voll geschäftsfähig gilt, nämlich:

- gemäß § 110 BGB mit Blick auf Rechtsgeschäfte, hinsichtlich welcher der gesetzliche Vertreter der/dem Minderjährigen (finanzielle) Mittel zur freien Verfügung überlassen hat (sog. **„Taschengeld-Paragraf"**);
- gemäß § 112 BGB mit Blick auf Rechtsgeschäfte, welche ein **Erwerbsgeschäft** mit sich bringen, zu dem der gesetzliche Vertreter die/den Minderjährige(n) mit Genehmigung des Familiengerichts ermächtigt hat;
- gemäß § 113 BGB aus bestimmten Rechtsgeschäften im Zusammenhang mit einem **Arbeitsverhältnis**, zu dem der gesetzliche Vertreter die/den Minderjährige(n) ermächtigt hat;
- im Übrigen auch gemäß § 5 Satz 1 des Gesetzes über die religiöse Kindererziehung mit Blick auf die Entscheidung des Kindes nach der Vollendung des 14. Lebensjahres über seine Religionszugehörigkeit.

### 4.2.3 Weitere Grenzen der gesetzlichen Vertretung

**Bestellung eines Pflegers**

Gemäß § 1630 Abs. 1 BGB erstreckt sich die elterliche Sorge nicht auf Angelegenheiten des Kindes, für die ein Pfleger gemäß §§ 1909, 1915 BGB bestellt ist (dazu Kapitel 5.3). In diesen Fällen nimmt der Pfleger Aufgaben **in Teilbereichen der elterlichen Sorge** wahr und ist insoweit der gesetzliche Vertreter des Kindes – und nicht (mehr) der/die bisher Sorge- und Vertretungsberechtigte(n).

Davon zu unterscheiden ist der Fall der **Vollzeitpflege** (Familienpflege) als Hilfe zur Erziehung nach § 33 SGB VIII. Hier verbleibt es grundsätzlich bei der elterlichen Sorge und der gesetzlichen Vertretung durch die Eltern/den Elternteil; allerdings kann das Familiengericht gemäß § 1630 Abs. 3 BGB der Pflegeperson einzelne Angelegenheiten der elterlichen Sorge übertragen.

**Fälle möglicher Interessenskollision**

Ganz allgemein sind gemäß § 181 BGB sog. „In-sich-Geschäfte" grundsätzlich unzulässig („im Namen des Vertretenen mit sich im eigenen Namen oder als Vertreter eines Dritten").

**Beispiel:** Eine Person möchte einen Vertrag zwischen sich selbst und einer anderen Person, jedoch handelnd für diese in deren Vertretung, abschließen. Dies ist wegen einer offensichtlichen Interessenskollision unzulässig, denn hier handelte dieselbe Person gleichsam „auf beiden Seiten" und ggf. zu Lasten der vertretenen anderen Person.

Dies gilt auch für das Rechtsverhältnis zwischen Eltern und Kindern. Darüber hinaus sind im Eltern-Kind-Verhältnis weitere Rechtsgeschäfte unzulässig, nämlich solche gemäß § 1629 Abs. 2 Satz 1 BGB in denjenigen Fällen, in denen ein **Vormund** (als der „Komplett-Ersatz" für die elterliche Sorge; dazu Kapitel 5.3) von der gesetzlichen Vertretung des Kindes (des „Mündels") ausgeschlossen wäre.

Gemäß § 1795 Abs. 1 Nr. 1 BGB sind Verträge zwischen dem Ehegatten des Vormunds einerseits und dem „Mündel" andererseits unzulässig. Weitere solche Fälle gibt es nach § 1795 Abs. 1 Nr. 2 und 3 und § 1795 Abs. 2 BGB, wo auf § 181 BGB (siehe oben) verwiesen wird. Mit anderen Worten: Was gemäß § 1795 BGB wegen möglicher Interessenskollisionen ein Vormund nicht darf, dies **dürfen** gemäß § 1629 Abs. 2 Satz 1 BGB **auch Vater und Mutter** in Wahrnehmung der gesetzlichen Vertretungsmacht **nicht**! In beiden Fällen bedarf es insoweit der Bestellung eines Pflegers nach § 1909 BGB (dazu Kapitel 5.3).

**Beispiel:** Ein Vater darf deshalb keinen Kaufvertrag über einen wertvollen Gegenstand, der im Eigentum des Kindes steht, abschließen zwischen seiner neuen Ehefrau einerseits und seinem Kind andererseits, das dabei durch ihn als dem allein Sorgeberechtigten vertreten würde. Diesen Vertrag müsste ein nach § 1909 BGB durch das Familiengericht bestellter „neutraler" Pfleger (dazu Kapitel 5.3) abschließen, etwa eine Mitarbeiterin des Jugendamts – insoweit als „Teilersatz" für die hier nicht bestehende Vertretungsmacht des Vaters.

### Genehmigungsbedürftige Rechtsgeschäfte

Gesetzestechnisch ähnlich wie bei § 1629 Abs. 2 Satz 1 BGB verweist das BGB auch in § 1643 BGB erneut auf Vorschriften des Vormundschaftsrechts. Dort geht es um Fälle, in denen der vertretungsberechtigte Vormund zwar rechtsgeschäftlich tätig werden darf, zum Schutz (insbesondere: des Vermögens) der/des Minderjährigen jedoch gemäß § 1821 BGB und § 1822 BGB zusätzlich eine **Genehmigung** des **Familiengerichts** einholen muss. Dies ist z. B. gemäß § 1821 Abs. 1 Nr. 1 BGB beim Verkauf von Grundstücken von Minderjährigen der Fall. Auch in § 1643 BGB verweist das Gesetz sodann mit Blick auf Rechtsgeschäfte der Eltern, die in Vertretung des Kindes handeln, auf das Vormundschaftsrecht, indem es gemäß § 1643 Abs. 1 BGB in den meisten Fällen der §§ 1821 und 1822 BGB ebenfalls die Genehmigung durch das Familiengericht vorschreibt.

**Beispiel:** Der 15-jährige Harald hat von einer Tante ein Haus geerbt. Dieses wollen Haralds Eltern nunmehr veräußern, um mit dem Veräußerungsgewinn eine Weltreise zu finanzieren; Harald wäre damit einverstanden. In diesem Fall benötigen die Eltern von Harald gemäß § 1643 Abs. 1 i.V.m. § 1821 Abs. 1 Nr. 1 BGB die Genehmigung des Familiengerichts, das insbesondere darauf achten wird, dass das Haus zu einem angemessenen Preis veräußert wird; auf die Zustimmung Haralds kommt es dabei nicht an.

## 4.3 Umgangsrechte und -pflichten

### 4.3.1 Umgangsrechte von Eltern und Kindern

Bereits in § 1626 Abs. 3 BGB hat der Gesetzgeber die besondere Bedeutung des Umgangs mit beiden Eltern („Kinder brauchen beide Eltern“) für das Kindeswohl unterstrichen (zum Ganzen: Wabnitz 2019a, Kapitel 7.4). Darüber hinaus hat er den Komplex „Umgang“ in den §§ 1684, 1685 und 1686a BGB eingehender geregelt. Dies geschah insbesondere vor dem Hintergrund außerehelicher Kindschaft, von Trennung und Scheidung der Eltern oder von Streitigkeiten derselben bezüglich des Umgangs des Kindes mit dem Elternteil, bei dem es nicht lebt.

§ 1684 Abs. 1 BGB stellt unmissverständlich in „beiderlei Richtung“ klar: Das Kind hat das **Recht auf Umgang** mit jedem Elternteil; jeder Elternteil ist zum Umgang mit dem Kind **verpflichtet** und

**berechtigt.** Eltern können sogar vom Familiengericht zum Umgang verpflichtet werden, wenn dies dem Wohl des Kindes dient, wobei dies allerdings bei einem mit Zwangsmitteln durchgesetzten Umgang in der Regel nicht der Fall sein wird (BVerfGE 121, 69, 70 = FamRZ 2008, 845). Die Verpflichtung zum Umgang mit dem Kind haben auch Eltern, die z. B. in einer neuen Beziehung neue Kinder haben. Zugleich haben Eltern gemäß § 1684 Abs. 2 Satz 1 BGB alles zu unterlassen, was das Verhältnis des Kindes zum jeweils anderen Elternteil beeinträchtigt oder die Erziehung erschwert.

Darüber hinaus ist es Aufgabe der Eltern, die Modalitäten des Umgangs des Kindes mit dem anderen Elternteil durch wechselseitige Absprachen, auch mit dem (bereits verständigen) Kind, zu regeln. Leider gelingt dies häufig nicht oder nicht zufriedenstellend – z. B. aus Enttäuschung über das Scheitern der Elternbeziehung, aus Rach- oder Herrschsucht oder aus anderen Gründen.

### 4.3.2 Aufgaben des Familiengerichts

Deshalb kann das **Familiengericht** gemäß § 1684 Abs. 3 BGB über den Umfang des Umgangsrechts **entscheiden und dessen Ausübung näher regeln.** Das Familiengericht trifft in solchen Fällen häufig exakte Regelungen über die Aufenthaltszeiten des Kindes beim „anderen" Elternteil (z. B. freitags 17 Uhr bis samstags 18 Uhr oder sonntags 12 Uhr, tage- oder wochenweise Aufteilung von Feiertagen und Ferienzeiten etc.), über Bring-, Abhol- und „Übergabe"-Modalitäten und anderes. Gemäß § 1684 Abs. 3 Sätze 3 bis 5 BGB kann das Familiengericht auch eine **„Umgangspflegschaft"** für die Durchführung des Umgangs anordnen.

Außerdem besteht die Möglichkeit der Anordnung des sog. **„begleiteten Umgangs"** gemäß § 1684 Abs. 4 Satz 3 und 4 BGB: Das Familiengericht kann danach insbesondere anordnen, dass der Umgang nur stattfinden darf, wenn ein mitwirkungsbereiter Dritter anwesend ist; Dritter kann auch ein Träger der Kinder- und Jugendhilfe oder ein Verein sein.

**Beispiel:** Ein Vater ist gegenüber seinem Kind bereits mehrfach sexuell übergriffig geworden. Das Kind lebt nicht in seinem Haushalt, liebt seinen Vater jedoch weiterhin und möchte ihn gelegentlich sehen. Der begleitete Umgang mit Anwesenheit z. B. einer Mitarbeiterin des Jugendamts oder eines freien Trägers der Familienhilfe kann in einem solchen Fall angezeigt sein, wenn der Umgang in einer solchen beschützten Form dem Kindeswohl entspricht.

Schließlich kann das Familiengericht gemäß § 1684 Abs. 4 Satz 1 BGB das **Umgangsrecht** oder den Vollzug früherer Entscheidungen darüber **einschränken oder ausschließen**, soweit dies zum Wohl des Kindes erforderlich ist. Der komplette Ausschluss des Umgangs kommt allerdings nur in besonders begründeten **Ausnahmefällen** gleichsam als „ultima ratio" in Betracht. Begleiteter Umgang ist insoweit also grundsätzlich vorrangig vor dem vollständigen Ausschluss des Umgangsrechts anzuordnen (so auch BVerfG, FuR 2008, 338).

### 4.3.3 Umgangsrechte von anderen Bezugspersonen

Gemäß § 1685 Abs. 1 BGB haben auch **Großeltern** und **Geschwister** ein Recht auf Umgang mit dem Kind, wenn dieser dem Wohl des Kindes dient. Merkwürdigerweise ist hier nicht auch ein damit korrespondierendes Umgangsrecht des Kindes verankert. Im Übrigen gelten die Modalitäten nach § 1684 Abs. 2 bis 4 BGB gemäß § 1685 Abs. 3 BGB entsprechend. Nach § 1685 Abs. 2 BGB gilt „Gleiches" (wie in Absatz 1) „für **enge Bezugspersonen** des Kindes, wenn diese für das Kind tatsächliche Verantwortung tragen oder getragen haben (sozial-familiäre Beziehung)." Eine Übernahme tatsächlicher Verantwortung ist dabei in der Regel anzunehmen, wenn die Person mit dem Kind längere Zeit in häuslicher Gemeinschaft zusammengelebt hat.

Erfasst ist davon auch der sog. **„biologische Vater"**, sofern die gesetzlichen Voraussetzungen vorliegen und eine „sozial-familiäre Beziehung" besteht oder bestanden hat (vgl. dazu BGH JAmt 2005, 257; OLG Düsseldorf ZfJ 2004, 471). Mit den Umgangsrechten nach § 1685 BGB korrespondieren allerdings (anders als bei § 1684 Abs. 1 BGB) keine entsprechenden Umgangspflichten.

Solange die Vaterschaft eines anderen Mannes besteht, hat darüber hinaus der **leibliche Vater**, der zwar bisher (noch) keine sozial-familiäre Beziehung zu dem Kind hat oder hatte, der jedoch **ernsthaftes Interesse** an dem Kind zeigt, unter den Voraussetzungen des § 1686a Abs. 1 BGB ein **Recht auf Umgang** mit dem Kind, wenn der Umgang **dem Kindeswohl dient** (Nr. 1); sowie gegebenenfalls **Auskunftsrechte** im Hinblick auf die persönlichen Verhältnisse des Kindes (Nr. 2).

## Literaturhinweise

**FRÖSCHLE,** Tobias 3 2017: Familienrecht. Stuttgart.

**SCHWAB,** Dieter 28 2020: Familienrecht. München.

**WABNITZ,** Reinhard Joachim 5 2019a: Grundkurs Familienrecht für die Soziale Arbeit. München.

**WELLENHOFER,** Marina 3 2019: Familienrecht. München.

# 5. Besonderheiten im Bereich der elterlichen Sorge; Vormundschaft, Pflegschaft, Beistandschaft

## 5.1 Elterliche Sorge nach Trennung und Scheidung

Die wichtigste Norm betreffend die elterliche Sorge bei Trennung und Scheidung ist § 1671 Abs. 1 BGB (dazu Wabnitz 2019a, Kapitel 9.1) mit **drei Alternativen**:

- **gemeinsame elterliche Sorge**; Umkehrschluss aus § 1671 Abs. 1 Satz 1 BGB;
- („einvernehmliche") **alleinige elterliche Sorge**; § 1671 Abs. 1 Satz 2 Nr. 1 BGB; oder
- **alleinige elterliche Sorge** eines Elternteils **aufgrund familiengerichtlicher Entscheidung**; § 1671 Abs. 1 Satz 2 Nr. 2 BGB.

### 5.1.1 Gemeinsame elterliche Sorge nach Trennung und Scheidung

Die zentrale gesetzgeberische Entscheidung, dass auch nach Trennung oder Scheidung die **bisherige gemeinsame elterliche Sorge fortbesteht,** sofern nicht von einem Elternteil mit Erfolg ein Antrag auf Alleinsorge gestellt wird, ist nicht explizit im Gesetzestext, sondern nur indirekt in § 1671 Abs. 1 Satz 1 BGB zum Ausdruck gebracht worden (§ 1671 Abs. 1 Satz 1 BGB; **Umkehrschluss**). Klar ist danach, dass die gemeinsame elterliche Sorge – wie inzwischen in der Praxis ganz überwiegend – **„automatisch"** fortbesteht, auch wenn sich die Eltern getrennt haben. Wird kein Antrag auf Alleinsorge gestellt, wird auch das Familiengericht überhaupt nicht (mehr) mit dem Thema „elterliche Sorge nach Trennung oder Scheidung" befasst.

### 5.1.2 Angelegenheiten des täglichen Lebens und von erheblicher Bedeutung

Mit Blick darauf, dass sich die Eltern nach Trennung oder Scheidung in der Regel nicht mehr täglich sehen, werden in § 1687 BGB auf diese Situation zugeschnittene wichtige zusätzliche Regelungen getroffen, in denen danach **differenziert** wird, ob es sich mit Blick auf das Kind um:

- Angelegenheiten von **erheblicher Bedeutung** handelt; dann ist gemäß § 1687 Abs. 1 Satz 1 BGB **gegenseitiges Einvernehmen** beider Eltern erforderlich;
- oder ob es Angelegenheiten des **täglichen Lebens** sind; dann besteht gemäß § 1687 Abs. 1 Satz 2 BGB die **alleinige Entscheidungskompetenz** desjenigen Elternteils, bei dem sich das Kind gewöhnlich oder (etwa auf Besuch) „rechtmäßig“ aufhält.

§ 1687 Abs. 1 Satz 3 BGB beinhaltet eine definitorische **Abgrenzung** der „Angelegenheiten von erheblicher Bedeutung“ von den „Angelegenheiten des täglichen Lebens“. Letztere sind in der Regel solche, die **häufig vorkommen** und die keine **schwer abzuändernden Auswirkungen** auf die Entwicklung des Kindes haben. Der Gesetzgeber hat damit in § 1687 Abs. 1 BGB eine im Grundsatz klare und der Situation (nach Trennung und Scheidung) sachlich angemessene Lösung getroffen, wobei zudem das Familiengericht gemäß § 1687 Abs. 2 BGB die Befugnisse nach Absatz 1 Satz 2 und 4 einschränken oder ausschließen kann, wenn dies zum Wohl des Kindes erforderlich ist.

**Beispiele für Angelegenheiten von erheblicher Bedeutung:** Der Elternteil, bei dem das Kind lebt, muss sich bei Entscheidungen etwa hinsichtlich eines Wohnort- oder Schulwechsels, der Aufnahme in eine weiterführende Schule, der Durchführung einer „großen“ Operation, sofern kein Notfall vorliegt, oder hinsichtlich einer Weltreise mit dem Kind mit dem anderen Elternteil einigen; anderenfalls muss eine familiengerichtliche Entscheidung nach § 1628 BGB oder § 1671 Abs. 1 Satz 2 BGB herbeigeführt werden.

**Beispiele für Angelegenheiten des täglichen Lebens:** Entscheidung über das Fernbleiben von der Schule wegen einer Erkältung des Kindes, Besuch der Großeltern am Wochenende, Auswahl des Fernsehprogramms oder Fragen des Zu-Bett-Gehens des Kindes usw.

### 5.1.3 Alleinsorge nach Trennung und Scheidung

**Einvernehmliche alleinige Sorge nach (bisheriger) gemeinsamer Sorge**

Im Falle der „einvernehmlichen" Übertragung der elterlichen Sorge auf einen Elternteil allein gemäß § 1671 Abs. 1 Satz 2 Nr. 1 BGB hat das **Familiengericht** bei Vorliegen der gesetzlichen Voraussetzungen ohne Kindeswohlprüfung **„automatisch" antragsgemäß** zu entscheiden. Der **beiderseitige Elternwille** ist insoweit also für das Familiengericht verbindlich vorgegeben, es sei denn, dass ein über (!) 14 Jahre altes Kind der Übertragung widerspricht. Tut es dieses, ist keine Entscheidung nach § 1671 Abs. 1 Satz 2 Nr. 1 BGB möglich – jedoch ggf. eine solche nach § 1671 Abs. 1 Satz 2 Nr. 2 BGB.

**Nicht einvernehmliche alleinige Sorge nach (bisheriger) gemeinsamer Sorge**

Besteht kein Einvernehmen nach § 1671 Abs. 1 Satz 2 Nr. 1 BGB, hat das Familiengericht eine Entscheidung aufgrund von § 1671 Abs. 1 Satz 2 Nr. 2 BGB zu treffen. **Maßstab** dafür, welche der – rechtlich grundsätzlich „gleichwertigen" – Alternativen (gemeinsame oder alleinige elterliche Sorge) auszuwählen ist, ist allein das **„Kindeswohl"** und nicht etwa das „Elternwohl".

Dabei muss das Familiengericht zunächst in einem **ersten Schritt** prüfen, ob die **Aufhebung der gemeinsamen elterlichen Sorge dem Kindeswohl besser als die Beibehaltung derselben entspricht.** Die Familiengerichte stellen dabei insbesondere darauf ab, ob (noch) ein Mindestmaß an **Kooperationsfähigkeit** und -bereitschaft der Eltern als unverzichtbare Grundlage für ein sinnvolles Fortbestehen der gemeinsamen elterlichen Sorge gegeben ist oder nicht (Schwab 2020, § 66, IV., Rz. 796a; Wellenhofer 2019, § 32, IV. 1. b).

**Beispiel:** Die Eltern sind so zerstritten, dass sie zu keiner Einigung mehr über Fragen, die das Kind betreffen, fähig sind. Dann besteht keine Grundlage für ein Fortbestehen der gemeinsamen elterlichen Sorge mehr.

In einem **zweiten Schritt** prüft das Familiengericht sodann ggf., ob die **Übertragung** der alleinigen Sorge gerade **auf die/den Antragsteller/in dem Kindeswohl am besten entspricht.** Maßstäbe für diese im Zweifelsfall schwierige Entscheidung sind neben dem Kindeswillen etwa Aspekte wie bessere Entwicklungsmöglichkeiten für das Kind, besonders enge Beziehungen zu dem einen Elternteil, Kontinuität von Geschwisterbeziehungen oder Erhaltung des bisherigen Lebensumfeldes (Wellenhofer, a.a.O.).

(Krasses) **Beispiel:** Die Übertragung der Alleinsorge auf den Vater wird angezeigt sein, wenn er sich umfassend und gleichsam „optimal" um das Kind kümmert, dort auch noch andere Geschwister vorhanden sind und das Kind in dieser Familienkonstellation bereits seit Jahren lebt, während die Mutter an einem weit entfernten anderen Ort einer sehr fordernden beruflichen Tätigkeit nachgeht, den Rest ihrer knappen Zeit mit ebenfalls zeitaufwendigen sportlichen Aktivitäten verbringt und das Kind seit Jahren nur noch sporadisch gesehen hat.

**Übertragung der Alleinsorge auf den Vater nach (bisheriger) Alleinsorge der Mutter**

Gemäß § 1671 Abs. 2 Satz 1 BGB kann der Vater beantragen, dass ihm das **Familiengericht** die elterliche Sorge ganz oder teilweise **allein überträgt.** Die Entscheidungskriterien dafür sind weitgehend dieselben wie im Falle der Übertragung der Alleinsorge auf einen Elternteil (bei bisheriger gemeinsamer Sorge) nach Trennung und Scheidung gemäß § 1671 Abs. 1 Satz 2 Nrn. 1 und 2 BGB. Außerdem darf die Übertragung der Alleinsorge auf den Vater nach § 1671 Abs. 2 Satz 1 Nr. 1 BGB nicht dem Wohl des Kindes widersprechen. Eine solche familiengerichtliche Übertragung der Alleinsorge auf den Vater nach (bisheriger) Alleinsorge der Mutter bei Getrenntleben der Eltern erfolgt in der Praxis selten.

## 5.2 Ruhen, Beendigung und Entzug der elterlichen Sorge

### 5.2.1 Ruhen der elterlichen Sorge

Auch wenn eine Mutter und/oder ein (rechtlicher) Vater die elterliche Sorge nach § 1626a BGB erworben hat/haben (siehe Kapitel 4.1.1), kann diese in bestimmten Fällen „ruhen". Dies hat die rechtliche Konsequenz, dass gemäß § 1675 BGB der jeweilige Elternteil nicht berechtigt ist, die elterliche Sorge auszuüben, solange der Grund für das Ruhen besteht. Das BGB kennt **fünf Fälle** dieses **„Ruhens" der elterlichen Sorge**, nämlich:

- 1. bei **Geschäftsunfähigkeit** gemäß § 1673 Abs. 1 i.V.m. § 104 BGB, also bei Kindern unter sieben Jahren sowie bei dauerhaft Geisteskranken;
- 2. bei **beschränkter Geschäftsfähigkeit von Minderjährigen** gemäß § 1673 Abs. 2 Satz 1 i.V.m. § 1673 Abs. 1 BGB, wobei allerdings von der/dem minderjährigen Elternteil die tatsächliche Personensorge (vgl. Kapitel 4.1.1) wahrgenommen werden kann.

**Beispiel:** Die 17-jährige Mutter darf ihr Kind selbst pflegen und versorgen, jedoch gemäß § 1673 Abs. 2 Satz 2 BGB nicht gesetzlich vertreten;

- 3. bei ausdrücklicher (!) **Feststellung des Ruhens** der elterlichen Sorge durch das **Familiengericht** gemäß § 1674 Abs. 1 BGB, wenn die elterliche Sorge auf längere Zeit **tatsächlich nicht ausgeübt werden kann.**

**Beispiel:** Der Vater eines Kindes wird während der nächsten beiden Jahre wegen einer gefährlichen Antarktisexpedition nicht in Deutschland sein können. **Gegenbeispiel:** Der für drei Jahre im Gefängnis „sitzende" Vater kann Fragen der elterlichen Sorge für sein Kind per Post, Telefon oder Internet oder anlässlich von Besuchen durchaus (mit-)entscheiden, sodass hier voraussichtlich keine gerichtliche Feststellung nach § 1674 BGB in Betracht kommt;

- 4. bei einem **vertraulich geborenen Kind** (gemäß § 1674a BGB i.V.m. § 25 Abs. 1 des Schwangerschaftskonfliktgesetzes); sowie
- 5. bei Einwilligung des Elternteils in die **Annahme als Kind** (§ 1751 Abs. 1 Satz 1 BGB).

In den häufigen Fällen, in denen bei gemeinsamer elterlicher Sorge die elterliche Sorge des einen Elternteils ruht, übt gemäß § 1678 Abs. 1 BGB der **andere Elternteil** die elterliche Sorge **alleine** aus.

**Beispiel:** Haben zwei 17 und 20 Jahre alte Eltern (mit Zustimmung der gesetzlichen Vertreter gemäß § 1626c Abs. 2 BGB) bereits vor der Geburt des Kindes (gemäß § 1626b Abs. 2 BGB) aufgrund der Abgabe von Sorgeerklärungen gemäß § 1626a Abs. 1 Nr. 1 BGB die elterliche Sorge gemeinsam erworben (vgl. Kapitel 4.1.1), ruht die elterliche Sorge des/der Minderjährigen, und der volljährige Elternteil übt die elterliche Sorge bis zur Vollendung des 18. Lebensjahres des/der Minderjährigen durch den anderen Elternteil alleine aus.

Im Übrigen muss zumeist gemäß § 1773 ff. BGB ein **Vormund** für das Kind bestellt werden bzw. wird das Jugendamt nach § 1791c BGB von Geburt des Kindes an kraft Gesetzes gesetzlicher Amtsvormund (siehe dazu Kapitel 5.3.1).

### 5.2.2 Beendigung der elterlichen Sorge

Die elterliche Sorge für das Kind endet mit der Erlangung der **Volljährigkeit** des Kindes, also mit der Vollendung des 18. Lebensjahres (vgl. § 2 BGB) als dem weitaus häufigsten Fall der Beendigung der elterlichen Sorge; ferner bei **Tod** oder Todeserklärung der Eltern (vgl. §§ 1677, 1680, 1681 BGB), bei **Übertragung** der elterlichen Sorge nach Trennung und Scheidung gemäß § 1671 Abs. 1 Satz 2 BGB auf den anderen Elternteil (siehe Kapitel 5.1.3) oder bei **Sorgerechtsentzug** gemäß §§ 1666 ff. BGB (siehe Kapitel 5.2.3).

### 5.2.3 Entzug der elterlichen Sorge

Eltern haben gemäß Art. 6 Abs. 2 Satz 1 GG das **Recht und die Pflicht, das Kind zu pflegen und zu erziehen** (siehe Kapitel 2.1.1) und das elterliche Sorgerecht nach Maßgabe der §§ 1626 ff. BGB auszuüben. **Wesentlicher Maßstab** für die Ausübung des elterlichen Sorgerechts und zugleich für gerichtliche Eingriffe in dieses ist das „Wohl des Kindes – **Kindeswohl**" (siehe dazu bereits oben 2.3.1 sowie 4.1.2). Zugleich wacht darüber gemäß Art. 6 Abs. 2 Satz 2 GG die staatliche Gemeinschaft (**„staatliches Wächteramt"**). Der Staat muss also einschreiten, wenn das **Wohl von Kindern oder Jugendlichen gefährdet** ist. Dafür zuständige Stellen sind für vorläufige Maßnahmen zum Schutz von Kindern und Jugendlichen das **Jugendamt** nach §§ 8a, 42, 42a SGB VIII und für Eingriffe in das (grundgesetzlich geschützte!) elterliche Sorgerecht das (unabhängige) **Familiengericht.** Letzteres trifft bei Gefährdung des Kindeswohls die im Einzelfall nach §§ 1666, 1666a, 1667 BGB gebotenen Entscheidungen.

Die zentral bedeutsame Regelung des § 1666 Abs. 1 BGB lautet wie folgt:

> „§ 1666 Gerichtliche Maßnahmen bei Gefährdung des Kindeswohls
>
> (1) Wird das körperliche, geistige oder seelische Wohl des Kindes oder sein Vermögen gefährdet und sind die Eltern nicht gewillt oder nicht in der Lage, die Gefahr abzuwenden, so hat das Familiengericht die Maßnahmen zu treffen, die zur Abwendung der Gefahr erforderlich sind."

Nach der ersten Tatbestandsvoraussetzung von § 1666 Abs. 1 BGB muss das **körperliche, geistige oder seelische Wohl des Kindes** – oder seines **Vermögens** – aufgrund nachgewiesener oder glaubhaft gemachter tatsächlicher Umstände nach der Überzeugung des Familiengerichts konkret (also: nicht nur abstrakt!) **gefährdet** sein. Es muss sich dabei um eine gegenwärtige, in einem solchen Maße vorhandene Gefahr handeln, dass sich voraussagen lässt, dass bei unveränderter Weiterentwicklung der Verhältnisse bei dem Kind mit ziemlicher Sicherheit eine erhebliche Schädigung auftritt (Palandt 2020, § 1666, 3 B; Schulze 2019, § 1666, Rz. 1 bis 5; Schwab 2020, § 64, II; ständige Rechtsprechung seit BGH FamRZ 1956, 350).

Das **körperliche Wohl** des Kindes ist gefährdet bei körperlichen Misshandlungen wie Schlägen, Verletzungen, bei sexuellem Missbrauch, bei Vorenthaltung von Pflege, ausreichender Nahrung oder Gesundheitsfürsorge etc. Das **geistige Wohl** des Kindes ist z. B. bei

Vorenthalten von Bildung und Schulbesuch gefährdet. Das **seelische Wohl** ist in der Regel ebenfalls bei körperlichen Misshandlungen oder bei sexuellem Missbrauch, bei psychischen Misshandlungen oder Vernachlässigungen, bei häufigen Beleidigungen, grober Ablehnung, Isolation, Verwahrlosung, aber auch bei andauernder Vorenthaltung von Liebe, Wärme, Nähe, Schutz und Fürsorge gefährdet. Bestimmte Formen der Gefährdung des seelischen Wohls des Kindes sind – gerade bei kleineren Kindern, die sich noch nicht hinreichend sprachlich artikulieren können oder stark eingeschüchtert sind – allerdings mitunter besonders schwer festzustellen. Das **Vermögen** des Kindes schließlich ist gefährdet, wenn die Eltern z.B. durch eigennützige oder wirtschaftlich unsinnige Maßnahmen die Verminderung oder gar den Verlust des Vermögens des Kindes riskieren.

Zweite Tatbestandsvoraussetzung von § 1666 Abs. 1 BGB ist sodann, dass die Eltern **nicht gewillt** und/oder **nicht dazu in der Lage sind,** die Gefahr abzuwenden.

**Beispiele:** Ein Elternteil weigert sich oder ist nicht dazu in der Lage, von weiteren Körperstrafen, von weiterer Vernachlässigung des Kindes etc. abzusehen; oder auch: Hilfe zur Erziehung nach §§ 27ff. SGB VIII zu beantragen. Sind die Eltern allerdings in diesem Sinne dazu bereit und in der Lage, ist diese zweite Tatbestandsvoraussetzung von § 1666 Abs. 1 BGB nicht erfüllt. Denn in diesem Fall besteht keine Gefahr für das Kindeswohl mehr und deshalb auch kein Grund (mehr), Maßnahmen durch das Familiengericht nach § 1666 BGB anzuordnen und dadurch in das Elternrecht nach Art. 6 Abs. 2 Satz 1 GG einzugreifen. Gefahren beseitigend in diesem Sinne können z.B. auch (bisher verweigerte) Zustimmungen der Eltern zu einer Operation oder das (zur Überzeugung des Gerichts glaubhaft gemachte) Beenden sonstiger das Kindeswohl gefährdender Handlungen sein.

### Familiengerichtliche Entscheidungen

Bei Vorliegen beider Tatbestandsvoraussetzungen des § 1666 Abs. 1 BGB **„hat das Familiengericht“** nach der Rechtsfolge derselben Gesetzesbestimmung „die zur Abwendung der Gefahr **erforderlichen Maßnahmen** zu treffen." Das Familiengericht muss (!) hier also tätig werden und die im Einzelfall jeweils gebotene Anordnung treffen. Dabei kommt ein breites Spektrum von Maßnahmen in Betracht, die in § 1666 Abs. 3 BGB beispielhaft (also nicht abschließend!) wie folgt beschrieben sind:

> „(3) Zu den gerichtlichen Maßnahmen nach Absatz 1 gehören insbesondere
> 1. Gebote, öffentliche Hilfen wie z.B. Leistungen der Kinder- und Jugendhilfe und der Gesundheitsfürsorge in Anspruch zu nehmen,
> 2. Gebote, für die Einhaltung der Schulpflicht zu sorgen,
> 3. Verbote, vorübergehend oder auf unbestimmte Zeit die Familienwohnung oder eine andere Wohnung zu nutzen, sich in einem bestimmten Umkreis der Wohnung aufzuhalten oder zu bestimmende andere Orte aufzusuchen, an denen sich das Kind regelmäßig aufhält,
> 4. Verbote, Verbindung zum Kind aufzunehmen oder ein Zusammentreffen mit dem Kind herbeizuführen,
> 5. die Ersetzung von Erklärungen des Inhabers der elterlichen Sorge,
> 6. die teilweise oder vollständige Entziehung der elterlichen Sorge."

Welche der in Betracht kommenden Maßnahmen im Einzelfall konkret anzuordnen ist, erfordert eine eingehende und sorgfältige gerichtliche Prüfung (Schwab 2020, § 64 IV, V). Entscheidender rechtlicher Orientierungspunkt ist auch dafür das **Kindeswohl** bzw. das Ziel der **Abwendung der Gefährdung** desselben im Interesse des Kindes. Andererseits wird durch gerichtliche Maßnahmen das grundgesetzlich geschützte elterliche Sorgerecht (Art. 6 Abs. 2 Satz 1 GG) tangiert, eingeschränkt oder sogar vollständig entzogen. Deshalb ist in § 1666a BGB u.a. Folgendes geregelt:

> „§ 1666a Grundsatz der Verhältnismäßigkeit; Vorrang öffentlicher Hilfen
>
> (1) Maßnahmen, mit denen eine Trennung des Kindes von der elterlichen Familie verbunden ist, sind nur zulässig, wenn der Gefahr nicht auf andere Weise, auch nicht durch öffentliche Hilfen, begegnet werden kann. …
> (2) Die gesamte Personensorge darf nur entzogen werden, wenn andere Maßnahmen erfolglos geblieben sind oder wenn anzunehmen ist, dass sie zur Abwendung der Gefahr nicht ausreichen."

Danach muss sich das Familiengericht nach dem Grundsatz der **Verhältnismäßigkeit** an folgenden generellen rechtlichen Maßstäben orientieren: „so viel Eingriff in das elterliche Sorgerecht wie nötig", um die Gefährdung des Kindeswohls abzuwenden; aber auch „nicht mehr" an Eingriff als erforderlich, um dieses Ziel zu erreichen und um nicht „unnötig weitreichend" in das elterliche, grundgesetzlich geschützte Sorgerecht einzugreifen. Die Schwere des Eingriffs in das Elternrecht muss zudem in einem angemessenen Verhältnis zum angestrebten Erfolg stehen (BVerfG FamRZ 2002, 1021, 1023; 2010, 713; BGH FamRZ 2012, 99; Schwab 2020, § 64 II. 5.).

**Beispiele:** Nach Überzeugung des Gerichts kann ein Kind vorerst nicht im elterlichen Haushalt verbleiben; vielleicht kann es jedoch nach einiger Zeit, wenn sich dort die Verhältnisse nachhaltig verbessert haben sollten, dorthin zurückkehren. Eine „klassische", mittelschwere gerichtliche Maßnahme, bei der die elterlichen Sorgerechte nicht vollständig entzogen werden, besteht häufig in der Kombination der folgenden Entscheidungen: Entzug (nur) des Aufenthaltsbestimmungsrechts nach § 1631 Abs. 1 BGB als Teil des elterlichen Personensorgerechts (siehe Kapitel 4.1.3) sowie Entzug des Rechts, Anträge auf Hilfe zur Erziehung nach den §§ 27 ff. SGB VIII zu stellen, beides verbunden mit der Bestellung eines Pflegers nach § 1909 BGB (siehe Kapitel 5.3.2). Dieser leitet dann in Wahrnehmung der den Eltern insoweit entzogenen Rechte die Antragstellung nach § 27 SGB VIII und z.B. die Unterbringung des Kindes in einer Pflegefamilie oder in einem Heim (nach §§ 33, 34 SGB VIII) in die Wege.

## 5.3 Vormundschaft, Pflegschaft, Beistandschaft

In Kapitel 5.3 werden drei spezielle Rechtsinstitute dargestellt, die das elterliche Sorgerecht ganz oder teilweise ersetzen bzw. die Eltern unterstützen.

### 5.3.1 Vormundschaft

Vormundschaft bedeutet **umfassende Ersetzung der gesamten elterlichen Sorge** und deren Wahrnehmung durch einen **Vormund** (von altdeutsch „munt": Schutzgewalt). Das BGB hat das Thema „Vormundschaft" sehr ausführlich in über 120 Paragrafen (§§ 1773 bis 1895 BGB) geregelt (vgl. Schwab 2020, §§ 77 bis 84; Wabnitz 2019a, Kapitel 11.1). Die genannten Vorschriften muten von ihrem sprachlichen Duktus her teilweise etwas „altertümlich" an, da diese seit Inkrafttreten des BGB im Jahre 1900 überwiegend noch nie geändert worden sind.

Ein(e) **Minderjährige(r) bedarf eines Vormunds,** wenn

- die/der Minderjährige **nicht unter elterlicher Sorge steht** (§ 1773 Abs. 1 BGB), weil keine Eltern (Vater oder Mutter im Rechtssinne!) vorhanden sind, oder
- die **Eltern nicht vertretungsberechtigt sind** (§ 1773 Abs. 1 BGB); **Beispiel:** Die Eltern sind noch minderjährig, sodass ihre Sorgerechte gemäß §§ 1673 Abs. 2 Satz 1, 1675 BGB ruhen (vgl. Kapitel 5.2.1); oder
- der Familienstand der/des Minderjährigen nicht zu ermitteln **(„Findelkind")** ist (§ 1773 Abs. 2 BGB).

Das BGB gibt für die Auswahl und die **Bestellung** des Vormunds eine **Prioritätenfolge** vor. Grundsätzlich soll, damit ein möglichst intensiver, persönlicher Kontakt zwischen dem Vormund und der/dem unter Vormundschaft stehenden Minderjährigen („Mündel") möglich wird, gemäß §§ 1775 ff. BGB vorrangig eine **natürliche Person** durch das Familiengericht zum **(Einzel-)Vormund** bestellt werden,

**beispielsweise** ein Verwandter, Pate oder Bekannter des/der Minderjährigen oder eine andere geeignete natürliche Person. Ist eine solche nicht vorhanden, soll gemäß § 1791a BGB ein **Vereinsvormund** bestellt werden. Es gibt Vereine, deren Mitglieder bereit sind, Vormundschaften zu übernehmen. Findet sich auch kein geeigneter Vereinsvormund, wird gemäß §§ 1791b BGB das Jugendamt als **Amtsvormund** bestellt, wie dies in der Praxis – entgegen der dargestellten gesetzgeberischen Intention – mangels einer genügenden Anzahl geeigneter natürlicher Personen oder Vereine überwiegend geschieht.

Neben der zuletzt genannten, durch das Familiengericht **„bestellten" Amtsvormundschaft** des Jugendamts (§ 1791b BGB) gibt es die ebenfalls bedeutsame **gesetzliche Amtsvormundschaft** (§ 1791c BGB). Weil die Bestellung eines Vormundes eine gewisse Zeit in Anspruch nimmt und dennoch kein Kind ohne gesetzlichen Vertreter sein soll, wird das **Jugendamt „automatisch"** kraft Gesetzes mit der Geburt eines Kindes, dessen Eltern nicht miteinander verheiratet sind und das eines Vormundes bedarf (vgl. dazu erneut § 1773 BGB), gesetzlicher Amtsvormund.

**Beispiel:** Eine ledige Minderjährige, deren Alleinsorge (§ 1626a Abs. 3 BGB) gemäß §§ 1673 Abs. 2 Satz 1, 1675 BGB ruht, bringt in einem Krankenhaus ein Kind zur Welt, bei dem alsbald eine lebensrettende Operation erforderlich wird. Die Ärzte nehmen umgehend Kontakt zum Jugendamt auf, das als gesetzlicher Amtsvormund und gesetzlicher Vertreter des Kindes sofort die erforderliche Einwilligung in die Operation geben kann.

### 5.3.2 Pflegschaft

Die Pflegschaft **ersetzt die elterliche Sorge** (anders als die Vormundschaft) **nicht umfassend** (siehe Kapitel 5.3.1), sondern lediglich **in bestimmten Teilbereichen** („Ergänzungspflegschaft" nach § 1909 BGB).

**Beispiel:** Eines solchen („Ergänzungs"-)Pflegers" bedarf es, wenn Eltern oder Vormund wegen Interessenskollision mit Blick auf bestimmte Rechtsgeschäfte als gesetzliche Vertreter **nicht tätig wer-**

**den dürfen** (vgl. §§ 1629 Abs. 2, 1795 BGB) oder wo den Eltern das **Sorgerecht** nach § 1666 BGB in Teilen **entzogen** worden ist.

In diesen und weiteren Fällen bedarf es der Bestellung eines (Ergänzungs-)Pflegers nach § 1909 BGB durch Beschluss des Familiengerichts. Hinsichtlich weiterer Einzelheiten der Pflegschaft erklärt der Gesetzgeber in § 1915 BGB die **Vorschriften über die Vormundschaft** (§§ 1773 bis 1895 BGB) für **entsprechend anwendbar**, soweit sich aus dem Gesetz nicht etwas anderes ergibt.

### 5.3.3 Beistandschaft

Durch die Beistandschaft des Jugendamtes (dazu Schwab 2020, § 63, III.) werden elterliche Sorgerechte oder Befugnisse des Vormunds weder ganz noch teilweise ersetzt oder eingeschränkt (§ 1716 Satz 1 BGB). Vielmehr handelt es sich bei der Beistandschaft um ein **„freiwilliges Serviceangebot“** des Jugendamts, mit dem die elterlichen Sorgerechte ergänzt werden. Die Beistandschaft bezieht sich (nur) auf eine der beiden oder die beiden folgenden Aufgaben:

- **Feststellung der Vaterschaft** (§ 1712 Abs. 1 Nr. 1 BGB) und/ oder
- **Geltendmachung von Unterhaltsansprüchen** etc. (§ 1712 Abs. 1 Nr. 2 BGB).

Die Beistandschaft beginnt mit dem Antragseingang beim Jugendamt und bewirkt, dass dieses **„automatisch“** die **rechtliche Stellung eines Pflegers und damit eines gesetzlichen Vertreters** mit Blick auf die gekennzeichneten Aufgaben erlangt (vgl. §§ 1716 Satz 2, 1909, 1915 Abs. 1, 1793 BGB).

**Beispiel:** Eine allein sorgeberechtigte Mutter bringt ein Kind zur Welt. Die Geburt war sehr anstrengend, und nunmehr muss das Kind „rund um die Uhr“ versorgt und betreut werden. Das Kind stammt von einem Mann, mit dem die Mutter nicht verheiratet ist und der weder bereit ist, die Vaterschaft anzuerkennen, noch Unterhalt für das Kind zu zahlen. Beantragt die Mutter nunmehr gemäß § 1713 Abs. 1 BGB die Beistandschaft des Jugendamts, kann dieses als handlungsbefugter Pfleger die familiengerichtlichen Verfahren zur Vaterschaftsfeststellung (vgl. Kapitel 3.1.1) und/oder zur Geltendmachung von Unterhaltsansprüchen des Kindes (vgl. Kapitel 3.3) betreiben und der Mutter diese mühsamen und komplizierten Aufgaben „abnehmen“, soweit und solange diese dies wünscht.

## Literaturhinweise

**PALANDT,** Otto 79 2020: Bürgerliches Gesetzbuch. München.

**SCHWAB,** Dieter 28 2020: Familienrecht. München.

**SCHULZE,** Reiner 10 2019: Bürgerliches Gesetzbuch. Handkommentar. Baden-Baden.

**WABNITZ,** Reinhard Joachim 5 2019a: Grundkurs Familienrecht für die Soziale Arbeit. München.

**WELLENHOFER,** Marina 3 2019: Familienrecht. München.

# 6. Wesentliche Strukturprinzipien des SGB VIII (Kinder- und Jugendhilfe)

## 6.1 Bundesrecht und Landesrecht

### 6.1.1 Bundesrecht

Das Kinder- und Jugendhilferecht nach dem SGB VIII ist eines der für die Kindheitspädagogik und Familienbildung zentralen und spannendsten Rechtsgebiete. Es umfasst die Gesamtheit der Rechtsvorschriften des Bundes- und Landesrechts außerhalb der Bereiche Familie, Schule und Hochschule, Berufsausbildung und Arbeitswelt. Das SGB VIII (Kinder- und Jugendhilfe) war bereits Gegenstand von Kapitel 1.3.2 und 2.2.2. (bitte nachlesen!) und wird nunmehr in den Kapiteln 6 bis 10 näher dargestellt; es bildet damit einen wesentlichen Schwerpunkt dieses Buches. Zunächst wird in Kapitel 6 auf wichtige Vorschriften des Ersten Kapitels des SGB VIII („Allgemeine Vorschriften"- §§ 1 bis 10 SGB VIII) – mit recht „abstrakten" Regelungsinhalten – eingegangen, die für die folgenden „speziellen" Kapitel 2 bis 10 des SGB VIII gleichermaßen gelten.

Das „**Leitmotiv**" für das SGB VIII beinhaltet dessen § 1 Abs. 1: mit dem Recht eines jeden jungen Menschen auf Förderung seiner Entwicklung und auf Erziehung zu einer (selbstbestimmten) „**eigenverantwortlichen und gemeinschaftsfähigen Persönlichkeit.**"

Diese zweifache – individuelle wie soziale – Zielsetzung der Kinder- und Jugendhilfe zieht sich gleichsam wie ein „**roter Faden**" durch das gesamte SGB VIII und gilt selbstverständlich auch für die Kindheitspädagogik und Familienbildung.

Eine erste Konkretisierung erfolgt zunächst in § 1 Abs. 3 SGB VIII – mit dem Fokus sowohl auf die jungen Menschen selbst als auch auf die Eltern und anderen Erziehungsberechtigten und schließlich auf die Aufgabe (auch) der Kinder- und Jugendhilfe, dazu beizutragen, positive Lebensbedingungen sowie eine kinder- und familienfreundliche Umwelt zu erhalten oder zu schaffen. Die wichtigsten Konkretisierungen erfolgen schließlich in den §§ 11 bis 60 SGB VIII – mit detaillierten Aufgabenbeschreibungen, objektiv-rechtlichen Verpflichtungen der Träger der öffentlichen Jugendhilfe und ggf. Rechtsansprüchen im Bereich der Leistungen und der sog. „anderen Aufgaben“ (vgl. die „Auflistung“ dieser Aufgaben in § 2 Abs. 2 und 3).

In § 1 Abs. 2 wird, um die Bedeutung von **Elternrecht und -pflicht** sowie des staatlichen Wächteramts zu unterstreichen, der Wortlaut von Art. 6 Abs. 2 GG (dazu bereits Kapitel 2.1.2) wiederholt („Pflege und Erziehung der Kinder sind das natürliche Recht der Eltern und die zuvörderst ihnen obliegende Pflicht. Über ihre Betätigung wacht die staatliche Gemeinschaft.“).

In § 7 SGB VIII sind wichtige **Begriffsbestimmungen** enthalten, die leider nicht durchgängig mit denen in anderen Rechtsgebieten übereinstimmen (dazu ausführlich: Wabnitz 2017):

- **Kind** ist gemäß § 7 Abs. 1 Nr. 1 und 2 SGB VIII, wer noch nicht vierzehn, und **Jugendlicher**, wer vierzehn, aber noch nicht achtzehn Jahre alt ist.
- Gemäß § 7 Abs. 1 Nr. 3 SGB VIII ist **junger Volljähriger**, wer achtzehn, aber noch nicht siebenundzwanzig Jahre alt, und gemäß § 7 Abs. 1 Nr. 4 SGB VIII ist (als Sammelbegriff für alle genannten Altersgruppen) **junger Mensch**, wer noch nicht siebenundzwanzig Jahre alt ist.

§ 6 SGB VIII legt den **Geltungsbereich** des SGB VIII fest, regelt also, für welche jungen Menschen und Personensorgeberechtigten – Deutsche und/oder Ausländer – die Vorschriften des SGB VIII insbesondere über Leistungen und andere Aufgaben gelten. Das **Verhältnis** der Regelungen nach dem SGB VIII zu anderen Leistungsbereichen und Verpflichtungen wird in § 10 SGB VIII (bitte genau lesen!) in sehr differenzierter Weise bestimmt. Andere Sozialleistungen, die in spezielleren Büchern des SGB geregelt sind, sowie private Unterhaltsverpflichtungen und die Aufgaben der Schulen sind gegenüber den Aufgaben nach dem SGB VIII überwiegend vorrangig.

Die Leistungsberechtigten – ein Kind, ein Jugendlicher, ein junger Volljähriger oder ein Personensorgeberechtigter – haben gemäß § 5 Abs. 1 Satz 1 SGB VIII **Wunsch- und Wahlrechte** mit Blick auf Einrichtungen und Dienste verschiedener Träger der Kinder- und

Jugendhilfe (mit den gesetzlichen Einschränkungen nach Abs. 2), wenn auch nach allgemeiner Auffassung (Wabnitz 2020a, Kapitel 2.2.1) nur im Rahmen der bereits **vorhandenen** Angebote.

**Beispiel:** Das Wunsch- und Wahlrecht bezieht sich nicht auf einen noch nicht vorhandenen Waldorfkindergarten, der erst geschaffen werden müsste, sondern nur auf den Bestand der bereits existenten z.B. kommunalen und kirchlichen Kindergärten.

Und gemäß § 8 Abs. 1 Satz 1 SGB VIII sind Kinder und Jugendliche entsprechend ihrem Entwicklungsstand an allen (!) sie betreffenden Entscheidungen der öffentlichen Jugendhilfe zu **beteiligen**; nach Abs. 2 haben sie das Recht, sich in allen Angelegenheiten der Erziehung und Entwicklung **an das Jugendamt zu wenden**, und § 8 Abs. 3 SGB VIII statuiert einen Rechtsanspruch von Kindern und Jugendlichen auf Beratung durch das Jugendamt auch ohne Kenntnis der Personensorgeberechtigten, im Regelfall also der Eltern, solange durch die Mitteilung an den Personensorgeberechtigten der Beratungszweck vereitelt würde.

**Beispiele:** Ein 12 Jahre alter Junge wendet sich an das Jugendamt, a) weil er die Ansicht seiner „Alten“ für überholt hält, dass er nur eine Stunde am Tage fernsehen dürfe und um 20.00 Uhr zu Bett gehen müsse; b) weil sein Vater ihn ständig prügele und die Mutter dabei nicht einschreite. Wegen des vorrangigen elterlichen Erziehungsrechts gemäß Art. 6 Abs. 2 Satz 1 GG wird sich das Jugendamt im Falle a) mit den Eltern in Verbindung setzen müssen, nicht jedoch (sofort) im Falle b), wo es ggf. angezeigt sein könnte, zunächst Hilfemöglichkeiten für den Jungen zu prüfen.

Müssen sich Eltern, sonstige Erziehungsberechtigte oder junge Menschen an den **Kosten** für Leistungen und andere Aufgaben der Kinder- und Jugendhilfe beteiligen? Die generelle Antwort darauf lautet: **überwiegend nein**, um nicht mit „Kostenhürden den Zugang dazu zu erschweren. Nur dann, wenn ausdrücklich bestimmt ist, dass eine Kostenbeteiligung zu erfolgen hat, ist dies anders, und zwar in den beiden Fällen von:

- § 90 Abs. 1 SGB VIII (**pauschalierte Kostenbeteiligung** im Bereich der Tageseinrichtungen für Kinder und der Kindertages-

pflege; ggf. auch im Bereich der Jugendarbeit und der Familienförderung – auch der Familienbildung nach § 16 Abs. 2 Nr. 1 SGB VIII);
- §§ 91 ff. SGB VIII (**individuelle Kostenbeteiligung**, insbesondere bei Hilfe zur Erziehung und „verwandten Leistungen" (siehe Kapitel 9.2 und 9.3), je nach wirtschaftlicher Lage der Kostenbeitragspflichtigen.

### 6.1.2 Landesrecht

Wie bereits ausgeführt ist das SGB VIII als Bundesgesetz in weiten Teilen auf Konkretisierung durch Landesrecht angelegt. Dementsprechend gibt es in jedem Bundesland mehrere, teilweise bis zu fünf, Landes(ausführungs)gesetze zum SGB VIII. In Hessen besteht als umfassend angelegtes Werk das Hessische Kinder- und Jugendhilfegesetzbuch (HKJGB; siehe dazu Wabnitz 2018).

Gemäß § 15 SGB VIII „regelt … das Landesrecht" das „Nähere" über Inhalte, Aufgaben und Leistungen der (Kinder- und) **Jugendarbeit, der Jugendsozialarbeit und des Erzieherischen Kinder- und Jugendschutzes** (dazu Kapitel 9.1 und 10.3). Ein Teil der Länder hat aufgrund von § 15 SGB VIII spezielle Ausführungsgesetze zum SGB VIII geschaffen, z. B. als „Jugendbildungsgesetze" oder „Jugendförderungsgesetze" (vgl. im Einzelnen Wabnitz in GK-SGB VIII, § 15 Rz. 8 ff.). Die §§ 22 ff. SGB VIII betreffend die Förderung von Kindern in **Tageseinrichtungen** und in **Kindertagespflege** werden gemäß § 26 Satz 1 SGB VIII besonders maßgeblich durch Landesrecht konkretisiert (dazu: Kapitel 8.3).

In allen Bundesländern gibt es zudem umfangreiche **allgemeine Landesgesetze** über Einzelheiten der Wahrnehmung von Aufgaben sowie über die Organisation, die Finanzierung und die Träger und Behörden der Kinder- und Jugendhilfe (vgl. nur §§ 42a ff., 49, §§ 53 ff., 69 ff., § 74a ff. SGB VIII). Außerdem existieren in allen Bundesländern **Landeskinderschutzgesetze** (dazu Kapitel 10.3 sowie umfassend Wabnitz in GK-SGB VIII, § 14 Rz. 52) und Landesgesetze zur Förderung des **Ehrenamtes** in der Kinder- und Jugendarbeit.

### 6.1.3 Zur Entwicklung des Kinder- und Jugendhilferechts

Die erste deutschlandweit gültige Kodifizierung des Kinder- und Jugendhilferechts stellte das Reichsgesetz für Jugendwohlfahrt (RJWG) dar, das am 09.07.1922 (RGBl. I, 633) verkündet worden war (dazu Hasenclever 1978, 48 ff.; Sachse 2018, 14 ff., 36 ff.). Hauptverdienst des RJWG war, dass damit einheitliche Vorschriften über die Jugendwohlfahrtsbehörden geschaffen wurden, insbesondere betreffend das Jugendamt, in dem alle Aufgaben der örtlichen Jugendwohlfahrt (heute: Kinder- und Jugendhilfe) zusammengeführt worden sind. Hauptkritikpunkt sowohl mit Blick auf das RJWG als auch das nachfolgende Gesetz für Jugendwohlfahrt (JWG) vom 11.08.1961 (BGBl. I, 1193, 1205) war jedoch, dass beide Gesetze eingriffs- und nicht leistungsorientiert konzipiert waren.

Nach mehreren gescheiterten Reformanläufen kam es erst mit dem Gesetz zur Neuordnung des Kinder- und Jugendhilferechts (KJHG) vom 28.06.1990 (BGBl. I, 1163 ff.) – insbesondere aufgrund dessen Art. 1, dem Text des SGB VIII in der damaligen Fassung – zu einem modernen, heute breit akzeptierten Leistungsgesetz für die Kinder- und Jugendhilfe in Deutschland. Aufgrund von weiteren bislang 55 (!) Änderungsgesetzen seit dem Jahr 1992 gelangen zahlreiche weitere Reformschritte (dazu umfassend Wabnitz 2015b; Wabnitz, Einleitung in GK-SGB VIII, 12 ff., Stand 2020), in den letzten Jahren insbesondere im Bereich der Tageseinrichtungen für Kinder und des Kinderschutzes. Nach ganz überwiegender Meinung, auch nach Auffassung der Sachverständigenkommission für den 14. Kinder- und Jugendbericht (Deutscher Bundestag 2013, 261), hat sich das SGB VIII in dieser Gesamtschau der Entwicklungen der vergangenen über drei Jahrzehnte „nachhaltig bewährt“.

Auch in der Zukunft wird mit Veränderungen des SGB VIII zu rechnen sein, möglicherweise bereits im Jahr 2021 aufgrund der von der Bundesregierung angestrebten Verabschiedung eines Gesetzes zur Stärkung von Kindern und Jugendlichen (Kinder- und Jugendstärkungsgesetz – KJSG). Über dieses wird derzeit erneut beraten, nachdem ein ähnliches, bereits vom Deutschen Bundestag im Jahr

2017 verabschiedetes Gesetz nicht die Zustimmung des Bundesrates gefunden hatte.

## 6.2 Aufgaben der Kinder- und Jugendhilfe

### 6.2.1 Leistungen der Kinder- und Jugendhilfe

Aufgaben der Jugendhilfe sind gemäß § 2 Abs. 1 SGB VIII zum einen „Leistungen“ und zum anderen „andere Aufgaben“ zugunsten junger Menschen und ihrer Familien (Näheres bei Wabnitz in GK-SGB VIII, Erläuterungen zu § 2). Der Gesetzgeber hat in § 2 Abs. 2 und 3 SGB VIII alle Leistungen und anderen Aufgaben der Jugendhilfe „überblicksartig“ aufgelistet (mit Benennung der jeweils relevanten Paragrafen §§ 11 bis 41 bzw. 42 bis 60 SGB VIII).

**Leistungen** der (Kinder- und) Jugendhilfe sind die in § 2 Abs. 2 Nr. 1 bis 6 SGB VIII stichwortartig benannten Angebote und Hilfen nach dem zweiten Kapitel des SGB VIII, dem „Leistungskapitel“:

> „1. Angebote der Jugendarbeit, der Jugendsozialarbeit und des erzieherischen Kinder- und Jugendschutzes (§§ 11 bis 14),
> 2. Angebote zur Förderung der Erziehung in der Familie (§§ 16 bis 21),
> 3. Angebote zur Förderung von Kindern in Tageseinrichtungen und in Tagespflege (§§ 22 bis 25),
> 4. Hilfe zur Erziehung und ergänzende Leistungen (§§ 27 bis 35, 36, 37, 39, 40),
> 5. Hilfe für seelisch behinderte Kinder und Jugendliche und ergänzende Leistungen (§§ 35a bis 37, 39, 40),
> 6. Hilfe für junge Volljährige und Nachbetreuung (§ 41).“

Leistungen der Kinder- und Jugendhilfe nach dem SGB VIII sind **Sozialleistungen** im Sinne vom § 11 SGB I. Insbesondere handelt es sich um **Dienstleistungen**, bei denen persönliche und erzieherische Hilfen der Sozialpädagogik und Sozialarbeit, auch Angebote und Leistungen der Kindheitspädagogik und Familienbildung, im

Vordergrund stehen, sowie um **Geldleistungen**, z. B. für den Unterhalt nach § 39 SGB VIII. Man kann Leistungen aus Sicht der Familie und des Elternrechts untergliedern in

- Familien unterstützende Leistungen (insbesondere nach §§ 16 bis 21 SGB VIII),
- Familien ergänzende Leistungen (§§ 22 bis 26, 11 bis 15, 27 bis 32 SGB VIII) sowie
- Familien ersetzende Leistungen (§§ 33 bis 35 SGB VIII).

### 6.2.2 Andere Aufgaben der Kinder- und Jugendhilfe

Andere Aufgaben der (Kinder- und) Jugendhilfe sind die in § 2 Abs. 3 Nr. 1 bis 13 SGB VIII bezeichneten Aufgaben. Auch diese Auflistung ist sehr übersichtlich gestaltet und wiederum mit Paragrafenangaben versehen (§§ 42 bis 60 SGB VIII). Die „anderen Aufgaben" nach § 2 Abs. 3 Nr. 1 bis 13 folgen nicht ein und denselben Strukturprinzipien wie die Leistungen; sie stellen gewissermaßen eine „wenig homogene Restkategorie" dar (Wiesner 2015, § 2 Rdnr. 13). Sie umfassen im Wesentlichen

- hoheitliche Aufgaben zum Schutz von Kindern und Jugendlichen (insbesondere §§ 42 bis 49 SGB VIII),
- die Mitwirkung der Jugendhilfe in gerichtlichen Verfahren (§§ 50 bis 52 SGB VIII) einschließlich der Aufgaben Beistandschaft, Pflegschaft und Vormundschaft (§§ 52a bis 58a SGB VIII) sowie
- rein administrative öffentliche Aufgaben wie Beurkundungen (§§ 59 f.).

Daneben bestehen innerhalb und außerhalb des SGB VIII zahlreiche **weitere** gesetzliche **Verpflichtungen** der Kinder- und Jugendhilfe, insbesondere der Jugendämter. Zu verweisen ist insbesondere auf die §§ 69 ff., §§ 74 ff., §§ 79 ff., §§ 89 ff., §§ 90 ff. SGB VIII. Außerdem gibt es Aufgaben der Kinder- und Jugendhilfe u. a. nach dem Adoptionsvermittlungsgesetz, dem Jugendschutzgesetz und aufgrund Landesrechts.

### 6.2.3 Objektive Rechtsverpflichtungen und subjektive Rechtsansprüche

Die folgende Unterscheidung zwischen objektiven Rechtsverpflichtungen (der Träger der öffentlichen Jugendhilfe) und subjektiven Rechtsansprüchen (junger Menschen oder Personensorgeberechtigter, ggf. auch von Trägern der freien Jugendhilfe) ist für das SGB VIII von grundlegender Bedeutung (vgl. Münder et al. 2019, Vor Kapitel 2, Rz. 4 ff.; Wiesner 2015, Vor §§ 11 ff.; Rdnrn. 4 ff; umfassend zum Ganzen: Wabnitz 2005; ferner: Wabnitz in: GK-SGB VIII, § 2 Rz. 7 ff., Stand 2018; Wabnitz 2020a, Kapitel 3.2). Die Detailregelungen des SGB VIII über Leistungen (§§ 11 bis 41 SGB VIII) und andere Aufgaben (§§ 42 bis 60 SGB VIII) beinhalten zum überwiegenden Teil sog. objektive Rechtsverpflichtungen (des jeweiligen Trägers der öffentlichen Jugendhilfe) und zum geringeren Teil subjektive Rechtsansprüche („Anspruch).

**Objektive Rechtsverpflichtungen** in Form von Muss-Bestimmungen („muss/müssen, hat/haben, ist/sind“), Soll-Bestimmungen („soll/sollen“) oder Kann-Bestimmungen („kann/können“) stellen gleichsam „staatsinterne Handlungsanweisungen“ dar. Die Realisierung derselben ist allein Sache der öffentlichen Träger der Jugendhilfe, ohne dass der Bürger diese Verpflichtungen vom Grundsatz her einklagen kann. Vor den Verwaltungsgerichten **einklagen** und damit auch gegen den Willen der öffentlichen Träger durchsetzen kann der Bürger dagegen (nur!) **subjektive (Rechts-)Ansprüche** (Wabnitz, a.a.O.; Münder et al. 2019, VorKap 2, Rz. 4 ff., 7 ff.; Wiesner 2015, Vor §§ 11 ff., Rz. 6 ff.).

**Beispiele:** Gemäß § 24 Abs. 4 SGB VIII „ist“ (durch den Träger der öffentlichen Jugendhilfe) für Kinder im schulpflichtigen Alter „ein bedarfsgerechtes Angebot in Tageseinrichtungen vorzuhalten“. Diese rein objektiv-rechtliche Verpflichtung zur Schaffung von Hortplätzen ist jedoch nicht einklagbar. Anders ist es z. B. bei den Rechtsansprüchen nach § 24 Abs. 2 sowie Abs. 3 Satz 1 SGB VIII: Ein Kind, das das erste bzw. das dritte Lebensjahr vollendet hat, hat „Anspruch auf frühkindliche Förderung“ bzw. „bis zum Schuleintritt Anspruch auf Förderung in einer Tageseinrichtung“.

Strittig ist allerdings mitunter, ob es neben den derzeit (also bis zum Jahre 2020) zwanzig im SGB VIII ausdrücklich als „Anspruch" bezeichneten Rechtsansprüchen noch weitere gibt, die sich – trotz rein objektiv-rechtlich formulierter Norm – aufgrund einer Interpretation derselben ermitteln lassen (dazu Wabnitz 2020a, Kapitel 3.2, sowie umfassend Wabnitz 2005).

## 6.3 Träger der freien und öffentlichen Jugendhilfe, Jugendbehörden

### 6.3.1 Freie und öffentliche Jugendhilfe

Gemäß § 3 Abs. 1 SGB VIII ist die deutsche (Kinder- und) Jugendhilfe gekennzeichnet durch eine kaum übersehbare **Vielfalt** von öffentlichen und insbesondere freien Trägern unterschiedlicher Wertorientierungen und durch eine große Vielfalt von Inhalten, Methoden und Arbeitsformen. Die wesentlichen allgemeinen Regelungen für die freie und öffentliche Jugendhilfe sind in den §§ 3 und 4 SGB VIII enthalten, die in den §§ 69 bis 81 SGB VIII weiter konkretisiert werden.

**Freie (Kinder- und) Jugendhilfe** nach den §§ 3 und 4 SGB VIII umfasst alle nicht-öffentlichen Träger und Organisationen, die Aufgaben der Kinder- und Jugendhilfe im Sinne der §§ 1 und 2 SGB VIII wahrnehmen. Dies sind u. a.:

- Verbände, Gruppen, Initiativen der Jugend; Sportvereine und -verbände; Träger der Kulturarbeit
- Träger und Einrichtungen der Familienbildung, Familienförderung, Familienberatung und Familienerholung
- Verbände der freien Wohlfahrtspflege, Kirchen und Religionsgemeinschaften, Gewerkschaften
- Träger von Tageseinrichtungen für Kinder
- Träger der Jugendsozialarbeit sowie von Einrichtungen und Diensten der Hilfen zur Erziehung.

In Deutschland gibt es Tausende von Trägern der freien Kinder- und Jugendhilfe. Sie existieren zum Teil schon länger als die Bundesrepublik Deutschland, die Länder und die derzeit bestehenden kommunalen Gebietskörperschaften. Traditionell überwiegen gemeinnützige, verbandlich, kirchlich oder gewerkschaftlich organisierte Organisationen und Institutionen, die zudem vielfach auch auf überörtlicher, Landes- oder Bundesebene zusammengeschlossen sind. Außerdem existieren zahllose Initiativen und Gruppen vor Ort sowie in relativ geringer Zahl privatgewerbliche freie Träger. Freie Träger erbringen den deutlich überwiegenden Teil der Leistungen der Kinder- und Jugendhilfe (Wabnitz 2015b, 219 ff.; vgl. auch Münder et al. 2019, Vor § 69 Rz. 8 ff.; Deutscher Bundestag 2013, 284 ff.).

Die freie Kinder- und Jugendhilfe entscheidet selbst, ob und in welchem Umfang sie tätig wird. Sie ist einerseits nicht dazu verpflichtet und bedarf andererseits keiner staatlichen „Konzession" oder Erlaubnis. Begehren freie Träger der Kinder- und Jugendhilfe jedoch öffentliche Förderung, müssen sie die dafür bestehenden rechtlichen Rahmenbedingungen (vgl. §§ 74 ff. SGB VIII) akzeptieren.

**Öffentliche (Kinder- und) Jugendhilfe** umfasst alle öffentlich-rechtlichen (Rechts-)**Träger** und deren **Behörden** (dazu: Kapitel 6.3.3), die Aufgaben der Kinder- und Jugendhilfe nach dem SGB VIII wahrnehmen. Insbesondere sind dies:

- die **örtlichen Träger** der öffentlichen Jugendhilfe nach § 85 Abs. 1 i.V.m. § 69 Abs. 1 und 3 SGB VIII, die ein Jugendamt zu errichten haben; sie sind grundsätzlich sachlich zuständig für die Wahrnehmung der Aufgaben der Kinder- und Jugendhilfe;
- die **überörtlichen** Träger der öffentlichen Jugendhilfe nach § 85 Abs. 2 i.V.m. § 69 Abs. 1 und 3 SGB VIII, die ein Landesjugendamt zu errichten haben; sie sind (nur) für die überörtlichen Aufgaben der Kinder- und Jugendhilfe gemäß § 85 Abs. 2 Nrn. 1 bis 10 SGB VIII sachlich zuständig.

### 6.3.2 Zusammenarbeit

Charakteristisch für das System der Kinder- und Jugendhilfe nach dem SGB VIII sind die folgenden fünf Strukturprinzipien (Wabnitz 2020a, Kapitel 1.3.3):

- **partnerschaftliche Zusammenarbeit**, § 4 Abs. 1 Satz 1 SGB VIII; bei Achtung der **Selbstständigkeit** der freien Jugendhilfe in Zielsetzung, Aufgabenwahrnehmung und Organisation, § 4 Abs. 1 Satz 2 SGB VIII;
- **Gesamtverantwortung** der Träger der öffentlichen Jugendhilfe für die Wahrnehmung aller Aufgaben nach dem SGB VIII, § 79 SGB VIII; diese (und nicht die Träger der freien Jugendhilfe) sind auch allein Adressaten von Leistungsverpflichtungen nach § 3 Abs. 2 Satz 2 SGB VIII und ggf. von Rechtsansprüchen;
- **Leistungserbringung** durch freie und öffentliche Träger, § 3 Abs. 2 Satz 1 SGB VIII, bei grundsätzlichem Vorrang der freien Träger, § 4 Abs. 2 SGB VIII **(Subsidiaritätsprinzip)**;
- **Förderung** der Träger der freien Jugendhilfe durch die öffentliche Jugendhilfe, § 4 Abs. 3 SGB VIII;
- besondere Situation im Bereich der **anderen Aufgaben**: grundsätzlich Wahrnehmung derselben allein durch die Träger der öffentlichen Jugendhilfe nach § 3 Abs. 3 SGB VIII (mit Ausnahmen nach § 76 SGB VIII: Danach ist auch eine Beteiligung von Trägern der freien Jugendhilfe möglich).

Das dargestellte **Gesamtsystem der Kinder- und Jugendhilfe** in Deutschland stellt ein historisch gewachsenes, bewährtes, aber auch kompliziertes Verhältnis und Zusammenspiel von freien und öffentlichen Trägern dar. Das Bundesverfassungsgericht hat in seinem grundlegenden Urteil vom 18.07.1967 (E 22, 180, 200, 202) in diesem Zusammenhang von einer „gemeinsamen Bemühung von Staat und freien Jugend- und Wohlfahrtsorganisationen" sowie von der hier „üblichen und bewährten Zusammenarbeit" zwischen den Trägern der öffentlichen und freien (Kinder- und) Jugendhilfe gesprochen. **Partnerschaftliche Zusammenarbeit** ist dabei der wesentliche Maßstab und gleichsam das **Leitmotiv** für das Verhältnis zwischen der öffentlichen und der freien (Kinder- und) Jugendhilfe.

Im Verhältnis zwischen jungen Menschen und Personensorgeberechtigten, den Trägern der öffentlichen Jugendhilfe und den Trägern der freien Jugendhilfe besteht häufig das sog. sozial- oder jugendhilferechtliche **„Dreiecksverhältnis"**. Dabei bestehen drei unterschiedliche, sorgfältig voneinander zu unterscheidende Rechtsbeziehungen (Münder et al. 2019, Vor Kapitel 5, Rz. 6 ff.; Wabnitz in GK-SGB VIII, § 2, Rz. 39 f.), nämlich:

- eine solche nach dem öffentlichen Recht zwischen dem jungen Menschen/Personensorgeberechtigten und dem Träger der öffentlichen Jugendhilfe;
  **Beispiel:** Eine junge Mutter, die für ein einjähriges Kind zu sorgen hat, soll gemäß § 19 Abs. 1 Satz 1 SGB VIII in einer Mutter-Kind-Einrichtung betreut werden;
- eine weitere nach dem öffentlichen Recht zwischen dem Träger der öffentlichen und dem Träger der freien Jugendhilfe;
  **Beispiel:** Diese Einrichtung eines Trägers der freien Jugendhilfe wird vom Jugendamt finanziell gefördert;
- sowie schließlich eine zivilrechtliche Rechtsbeziehung (zumeist in Form eines zivilrechtlichen Vertrages) zwischen dem jungen Menschen/Personensorgeberechtigten und dem Träger der freien Jugendhilfe;
  **Beispiel:** Die junge Mutter schließt einen Vertrag mit dem Träger der freien Jugendhilfe über die Aufnahme und Betreuung in der Einrichtung.

### 6.3.3 Jugendbehörden

Gemäß § 70 Abs. 1 SGB VIII werden die Aufgaben des **Jugendamts** „durch den Jugendhilfeausschuss und die Verwaltung des Jugendamts wahrgenommen.“ Das Jugendamt besteht also aus zwei Teilen: dem Jugendhilfeausschuss und der Verwaltung des Jugendamts. Diese **„Zweigliedrigkeit“** der Behörde Jugendamt beinhaltet eine funktionale Aufgabenverteilung zwischen dem Jugendhilfeausschuss und der Verwaltung des Jugendamts, ist einzigartig in der deutschen Verwaltung und hat sich nachhaltig bewährt (Deutscher Bundestag 2013, 14. Kinder- und Jugendbericht, 390 f.).

Im **Jugendhilfeausschuss** sind nicht nur Mitglieder und Beauftragte der kommunalen Vertretungskörperschaft (je nach Landesrecht: Stadtrat, Stadtverordnetenversammlung oder Kreistag), sondern auch solche von Trägern der freien Jugendhilfe mit Sitz und

Stimme vertreten (vgl. § 71 Abs. 1 SGB VIII). Die interne **Aufgabenverteilung** zwischen Jugendhilfeausschuss und der Verwaltung des Jugendamts ist so geregelt, dass sich der Jugendhilfeausschuss mit den „großen" Fragen der örtlichen Kinder- und Jugendhilfe befasst, und zwar gemäß § 71 Abs. 2 SGB VIII insbesondere mit Grundsatzangelegenheiten (Nr. 1), der Jugendhilfeplanung (Nr. 2) und der Förderung der freien Jugendhilfe (Nr. 3), während die Geschäfte der „laufenden Verwaltung" gemäß § 70 Abs. 2 SGB VIII vom Leiter der Verwaltung der Gebietskörperschaft (also dem Oberbürgermeister, Bürgermeister oder dem Landrat) oder in der Praxis zumeist vom Leiter der Verwaltung des Jugendamtes und den dort tätigen Mitarbeiterinnen und Mitarbeitern geführt werden.

Das **Landesjugendamt** (auf überörtlicher Ebene) ist ebenfalls „zweigliedrig" organisiert und besteht aus dem Landesjugendhilfeausschuss und der Verwaltung des Landesjugendamts (dazu Wabnitz in GK-SGB VIII, § 69, Rz. 52 ff.). Die (interne) Aufgabenverteilung ist „spiegelbildlich" zur Rechtssituation beim Jugendamt auf örtlicher Ebene in § 70 Abs. 3 SGB VIII geregelt.

**Andere Jugendbehörden** sind:

- kreisangehörige Gemeinden, die sich häufig (freiwillig) insbesondere im Bereich der Kindertagesbetreuung und der Kinder- und Jugendarbeit engagieren;
- die Obersten Landesjugendbehörden nach § 82 Abs. 1 SGB VIII auf der Ebene der Landesregierungen;
- die oberste Bundesbehörde nach § 83 Abs. 1 SGB VIII auf der Ebene der Bundesregierung.

## Literaturhinweise

**DEUTSCHER BUNDESTAG** 2013: 14. Kinder- und Jugendbericht. Berlin.

**HASENCLEVER,** Christa 1978: Jugendhilfe und Jugendgesetzgebung seit 1900. Göttingen.

**MÜNDER,** Johannes et al. 8 2019: Frankfurter Kommentar zum SGB VIII: Kinder- und Jugendhilfe. Baden-Baden.

**SACHSSE,** Christoph 2018: Die Erziehung und ihr Recht. Vergesellschaftung und Verrechtlichung von Erziehung in Deutschland 1870 bis 1990. Weinheim, Basel.

**WABNITZ,** Reinhard Joachim 2005: Rechtsansprüche gegenüber Trägern der öffentlichen Kinder- und Jugendhilfe nach dem Achten Buch Sozialgesetzbuch (SGB VIII). Berlin.

**WABNITZ,** Reinhard Joachim 2015b: 25 Jahre SGB VIII. Die Geschichte des Achten Buches Sozialgesetzbuch von 1990 bis 2015. Berlin.

**WABNITZ,** Reinhard Joachim 2017: Rechtliche Rahmung von Jugend (einschließlich der Rechte von jungen Menschen) und persönliche Rechte von Jugendlichen (mit Blick auf die föderalen Ebenen und die unterschiedlichen Rechtsgebiete). München.

**WABNITZ,** Reinhard Joachim 3 2018: Hessisches Kinder- und Jugendhilfegesetzbuch (HKJGB). Kommentar. Wiesbaden.

**WABNITZ,** Reinhard Joachim 6 2020a: Grundkurs Kinder- und Jugendhilferecht für die Soziale Arbeit. München.

**WABNITZ,** Reinhard Joachim et al. 2020: Gemeinschaftskommentar zum SGB VIII (GK-SGB VIII).

**WIESNER,** Reinhard 5 2015: SGB VIII Kinder- und Jugendhilfe. Kommentar. München.

# 7. Familienbildung

## 7.1 Regelungen im SGB VIII

### 7.1.1 Allgemeine Förderung der Erziehung in der Familie

**„Prävention vor Intervention“** bzw. „Hilfe vor Eingriff“ sind zentrale Paradigmen des SGB VIII. Daher liegt es nahe, dass der Gesetzgeber im Zweiten Abschnitt des Zweiten Kapitels (§§ 16 bis 21) des SGB VIII in besonderer Weise „präventive“ Leistungen zugunsten der Familien in den Blick genommen hat, und zwar insbesondere in den §§ 16, 17 und 18 SGB VIII, ergänzt um weitere Bestimmungen „für immer kleiner werdende Adressatenkreise“ mit unterschiedlichen Verpflichtungsgraden (dazu Wabnitz 2020a, Kapitel 4.1).

**Leistungsverpflichtungen** nach § 16 SGB VIII richten sich – wie gemäß § 3 Abs. 2 Satz 2 SGB VIII auch sonst – nur an die Träger der öffentlichen Jugendhilfe. Leistungen werden aber zudem häufig von Trägern der freien Jugendhilfe erbracht, vorrangig in Familienbildungs-, Familienfreizeit- und Familienerholungsstätten und -einrichtungen und in Beratungsstellen.

§ 16 SGB VIII als wichtigste Bestimmung des § SGB VIII zur **Familienförderung** hat derzeit den folgenden Wortlaut:

> „§ 16 Allgemeine Förderung der Erziehung in der Familie
>
> „(1) Müttern, Vätern, anderen Erziehungsberechtigten und jungen Menschen sollen **Leistungen der allgemeinen Förderung der Erziehung in der Familie** angeboten werden. Sie sollen dazu beitragen, dass Mütter, Väter und andere Erziehungsberechtigte ihre Erziehungsverantwortung besser wahrnehmen können. Sie sollen auch Wege aufzeigen, wie Konfliktsituationen in der Familie gewaltfrei gelöst werden können.
> (2) Leistungen zur Förderung der Erziehung in der Familie sind insbesondere
> 1. **Angebote der Familienbildung,** die auf Bedürfnisse und Interessen sowie auf Erfahrungen von Familien in unterschied-

lichen Lebenslagen und Erziehungssituationen eingehen, die Familien in ihrer Gesundheitskompetenz stärken, die Familie zur Mitarbeit in Erziehungseinrichtungen und in Formen der Selbst- und Nachbarschaftshilfe besser befähigen sowie junge Menschen auf Ehe, Partnerschaft und das Zusammenleben mit Kindern vorbereiten,

2. Angebote der **Beratung** in allgemeinen Fragen der Erziehung und Entwicklung junger Menschen,
3. Angebote der **Familienfreizeit** und der Familienerholung, insbesondere in belastenden Familiensituationen, die bei Bedarf die erzieherische Betreuung der Kinder einschließen.

(3) Müttern und Vätern sowie schwangeren Frauen und werdenden Vätern sollen Beratung und Hilfe in Fragen der **Partnerschaft** und des Aufbaus **elterlicher Erziehungs- und Beziehungskompetenzen** angeboten werden.

(4) Das **Nähere** über Inhalt und Umfang der Aufgaben regelt das **Landesrecht**."

(Hinweis: Aufgrund des derzeit beratenen Kinder- und Jugendstärkungsgesetzes (KJSG) – vgl. Kapitel 6.1.3 – könnte es zu einer weiteren Konkretisierung u.a. von § 16 Abs. 1 Satz 2 SGB VIII kommen.)

Primäres Ziel der allgemeinen Förderung der Erziehung in der Familie nach § 16 SGB VIII ist die **Vermittlung erzieherischer Kompetenz** sowie die Stärkung der Erziehungs- und Selbsthilfekraft der Familie durch **Bildungs-, Beratungs- und Erholungsangebote** für Eltern und Kinder. Leistungsadressaten sind junge Menschen (§ 7 Abs. 1 Nr. 4 SGB VIII), Mütter und Väter und andere Erziehungsberechtigte (§ 7 Abs. 1 Nr. 6 SGB VIII), somit auch Stiefmütter, Stiefväter, Pflegeeltern, Partner in eheähnlichen Gemeinschaften sowie Partner aus gleichgeschlechtlichen, eingetragenen Lebenspartnerschaften, soweit in diesen Partnerschaften Kinder leben (Münder et al. 2019 § 16, Rz. 1 ff.).

§ 16 **Abs. 2** Nrn. 1 bis 3 SGB VIII benennt beispielhaft, also nicht abschließend, wesentliche Angebote zur **Förderung von Fa-**

**milienarbeit**, wie sie sich in der Praxis der Kinder- und Jugendhilfe herausgebildet haben. Die aufgezählten Angebote der Familienbildung, Familienberatung und Familienfreizeit bzw. Familienerholung skizzieren die „klassischen" Angebote der Kinder- und Jugendhilfe. In der Praxis sind hierzu in den letzten Jahren zahlreiche weitere Angebotsformen entstanden, die wichtige Anlaufstellen für Fragen der Erziehung geworden sind, so z.B. Mütterzentren oder Gesprächskreise etc. (Münder et al., a.a.O.).

Mit Leistungsangeboten zur „allgemeinen Förderung der Erziehung in der Familie" öffnet der Gesetzgeber über die in Abs. 2 konkretisierten Angebote hinaus **Spielraum für ergänzende, präventiv wirkende Angebote** zur Ausgestaltung der Vorgaben gemäß § 1 Abs. 3 SGB VIII. Hierzu gehören neben individuellen Hilfen auch alltagsorientierte sowie gemeinwesen- bzw. sozialraumorientierte Ansätze. Als Teil allgemeiner Förderung enthält die Förderung der Erziehung in der Familie Elemente der Erwachsenenbildung, der Erziehungs- und Jugendberatung, der Jugendarbeit und der Arbeit mit Kindern ebenso wie Elemente der Familiengruppenarbeit und der Familienselbsthilfe. In den letzten Jahren sind neue Programme der Familienbildung und -beratung insbesondere für Familien mit Migrationshintergrund und benachteiligte Familien entwickelt worden (Näheres bei Münder, a.a.O. Rz. 3).

Mit den objektiv-rechtlichen Sollbestimmungen des § 16 Abs. 1 bis 3 SGB VIII – dies sind klare **objektive Rechtsverpflichtungen im Sinne eines grundsätzlichen „Muss"!** – korrespondieren nach allgemeiner Auffassung allerdings (leider) **keine subjektiven Rechtsansprüche** (Kunkel/Pattar in LPK-SGB VIII 2018, § 16 Rz. 2; Münder et al. 2019, § 16, Rz. 4; jurisPK-SGB VIII/Sünderhauf 2018, § 16, Rz. 25; Wabnitz 2020a, Kapitel 4.1), da sowohl die Tatbestandsvoraussetzungen nur sehr allgemein formuliert sind als auch der Kreis der Normadressaten fast unbegrenzt ist.

### 7.1.2 Familienbildung aufgrund des SGB VIII

§ 16 Abs. 2 Nr. 1 SGB VIII nennt explizit die **Familienbildung**, welche die Vorbereitung auf Ehe, Partnerschaft und das Zusammenleben mit Kindern sowie die Befähigung zur Mitarbeit in Erziehungseinrichtungen und in Formen der Selbst- und Nachbarschaftshilfe einschließt. Sie ist anlassunabhängig und präventiv ausgerichtet – im Unterschied zur Erziehungsberatung nach § 28 SGB VIII, die ein individuelles Erziehungsdefizit nach § 27 Abs. 1 SGB VIII voraussetzt (Kunkel-Pattar in LPK-SGB VIII 2018, § 16, Rz. 6). Inhalt der Familienbildung ist es auch, den Erziehenden überhaupt ihre Eigenschaft als Erziehende klar zu machen. Sie muss – dem Auftrag aus § 9 Nr. 2 und 3 SGB VIII gemäß – auf die unterschiedlichen Lebenslagen eingehen, in denen Familien leben.

§ 16 Abs. 2 Nr. 1 SGB VIII beschreibt wichtige **Begriffe** und **fachliche Inhalte** von **Familienbildung**. Ziel ist, die unterschiedlichen Lebenslagen und Erziehungssituationen von Familien und ihren Mitgliedern aufzugreifen und die Interessen und Bedürfnisse zum Gegenstand der Familien-Bildungsarbeit zu machen. Der Begriff „Familienbildung" verdeutlicht, dass die Leistungsangebote für alle Familienmitglieder vorgehalten werden sollen, nicht allein für Eltern. Familienbildung kann institutionell erfolgen (z.B. in Bildungseinrichtungen), funktional (in Einrichtungen zur Kinderbetreuung und in Schulen), medial (z.B. in Form von Elternbriefen, über Funk und Fernsehen sowie neue Medien) oder informell (z.B. durch Erfahrungsaustausch, in Selbsthilfe- und Nachbarschaftsgruppen). Familienbildung ist demnach mehr als nur die Durchführung von Vortragsveranstaltungen und die Weitergabe von Informationen (vgl. Münder et al., a.a.O.).

Struck (in Wiesner 2015, § 16, Rz. 9–18g) gibt u.a. die folgenden Stichworte für **Ziele und Inhalte** einer gelingenden (Eltern- und) Familienbildung:

- Verbesserung der Erziehungs- und der Handlungskompetenz von Eltern und anderen Erziehungsberechtigten
- Vorbereitung auf Ehe, Partnerschaft und Zusammenleben mit Kindern

- Stärkung der Familien auch in ihrer Gesundheitskompetenz
- Verknüpfung mit der Förderung von Kindern
- Selbst- und Nachbarschaftshilfe
- Vielfalt von Angeboten und Kursen auch zu praktischen Themen
- Bildungs- und Erziehungspartnerschaft auch mit Blick auf Tageseinrichtungen für Kinder, ggf. auch durch Schaffung von Familienzentren/Eltern-Kind-Zentren an der Schnittstelle von Kindertagesbetreuung, Familienbildung und Familienhilfen
- Eltern- und Familienbildung auch als präventiver Kinderschutz („Frühe Hilfen“).

Aber es gibt auch **kritische Hinweise zur Praxis** der Angebote der Familienbildung in Deutschland (vgl. etwa jurisPK SGB VIII/Sünderhauf, 2018, § 16, Rz. 66 ff.):

- kein hinreichender Nachweis über Wirksamkeit der Angebote
- „Mittelschichtsorientierung“ der Angebote
- Mangel an Angeboten für erwerbstätige Eltern
- überwiegend Angebote für Kleinkinder
- Mangel an Angeboten für Väter
- Mangel an Angeboten für Familien mit besonderen Problemlagen
- Stadt-Land-Gefälle
- mitunter unzulängliche Qualifikation der Mitarbeiterinnen und Mitarbeiter.

### 7.1.3 Ausgaben und pauschalierte Kostenbeteiligung

Die bundesweit jährlich in Deutschland getätigten Ausgaben für den Bereich der Familienbildung bewegen sich (bezogen auf die Gesamtausgaben in der Kinder- und Jugendhilfe deutschlandweit) leider im „Promillebereich“, zumal sie in der Kinder- und Jugendhilfestatistik nicht separat erfasst und ausgewiesen werden (vgl. § 99 SGB VIII, betreffend die „Erhebungsmerkmale“ der Kinder- und Jugendhilfestatistik).

In § 90 Abs. 1 Nr. 2 SGB VIII ist die Möglichkeit einer **pauschalierten Kostenbeteiligung** der Teilnehmer/innen, etwa der Eltern, in Form von Kostenbeiträgen (nur) im Bereich der allgemeinen Förderung der Erziehung in der Familie nach § 16 Abs. 1, Abs. 2 Nr. 1 **(Familienbildung)** und Nr. 3 (Familienfreizeit und -erholung) vorgesehen.

**Beispiel:** Ein Träger der freien Jugendhilfe erhebt für ein Wochenendseminar für künftige Eheleute oder Eltern einen pauschalierten Kostenbeitrag in Höhe von 50 € (ohne Verpflegungs- und ggf. Übernachtungskosten) – oder in Höhe von 500 € für die Teilnahme einer Familie an einer Freizeit in einer Familienferienstätte.

Die in § 16 Abs. 2 Nr. 2 und Abs. 3 SGB VIII genannten **Beratungsangebote** in Fragen der Erziehung und für (werdende) Eltern in Fragen der Partnerschaft sind **kostenbeitragsfrei.**

## 7.2 Ergänzende Vorschriften des Landesrechts zum SGB VIII

### 7.2.1 Landesrecht im Bereich der Familienbildung

Gemäß § 16 Abs. 4 SGB VIII „regelt" das **Nähere** zur Familienförderung nach § 16 SGB VIII, also auch zur Familienbildung, „das **Landesrecht**". Leider sind diesem klaren bundesgesetzlichen Auftrag nur wenige Länder nachgekommen (siehe Kapitel 7.2.2 und 7.2.3). Zumeist ist es selbst dort bei allgemeinen Aufgabenumschreibungen geblieben, mitunter sogar nur zu „kann"-Ermächtigungen zu einer Landesförderung; in keinem Fall bedauerlicherweise – genauso wenig wie im Bundesrecht (§ 16 SGB VIII) – zur Statuierung von (Rechts-)Ansprüchen. Vor diesem Hintergrund werden auch im Bereich der Familienbildung die **„nicht rechtsanspruchs-bewehrten"** und damit nicht vor den Verwaltungsgerichten einklagbaren **Leistungen** – anders als insbesondere in den Bereichen Tageseinrichtungen für Kinder, Kindertagespflege oder Hilfe zur Erziehung (siehe Kapitel 8 und 9) – in der Praxis leider vielfach sträflich vernachlässigt.

### 7.2.2 Ermächtigungen für eine Förderung aus dem Landeshaushalt

In einigen Bundesländern existieren nur **allgemeine Förderermächtigungen,** z.B. in § 20 HKJGB (Förderung von Angeboten der Jugendhilfe) auf der denkbar schwächsten Ebene rechtlicher Verpflichtungen, nämlich lediglich in Form einer „kann"-Ermächtigung im Rahmen der zur Verfügung stehenden Haushaltsmittel, also **„nach Kassenlage"**:

> „Das Land kann nach Maßgabe des Haushalts insbesondere die folgenden Angebote in den Arbeitsfeldern der Jugendhilfe fördern:
> 1. …,
> 2. Angebote der **Familienbildung** nach § 16 Abs. 2 Nr. 1 des Achten Buches Sozialgesetzbuch,
> 3. Angebote der Erziehungsberatung nach § 16 Abs. 2 Nr. 2, § 17 und § 28 des Achten Buches Sozialgesetzbuch …"

### 7.2.3 Explizite landesrechtliche Regelungen zur Familienbildung

In den folgenden, wenigen (lediglich vier) Landesausführungsgesetzen zum SGB VIII gibt es immerhin ausführlichere Vorschriften zur **Familienbildung** und über weitere Leistungen der Förderung der Erziehung in der Familie:

In **Berlin** besteht das Gesetz zur Ausführung des Kinder- und Jugendhilfegesetzes und zur Förderung der Beteiligung und Demokratiebildung junger Menschen (Jugendhilfe- und Jugendfördergesetz – AG KJHG) mit einem Fünften Abschnitt Förderung der Erziehung in der Familie und Vorschriften über Familienarbeit (§ 20), Erziehungs- und Familienberatung (§ 22), Familienerholung, Familienfreizeit (§ 23), Junge Mütter und Väter (§ 24), Familienzentren (§ 24a) und insbesondere über Familienbildung:

> „§ 21 Familienbildung
>
> (1) Familienbildungsangebote, die den verschiedenen Lebenssituationen unterschiedlicher Familienformen Rechnung tragen, sind in Abstimmung mit den Angeboten der freien Jugendhilfe und unter Berücksichtigung der Angebote der Volkshochschule zu entwickeln. Die Zusammenarbeit mit Einrich-

tungen der Kindertagesbetreuung und Schulen ist sicherzustellen.
(2) Die Angebote sollen sich an alle Erziehungsberechtigten richten und sie frühzeitig erreichen. Sie sollen so ausgestaltet sein, dass auch besondere Zielgruppen und Familien in Belastungssituationen angesprochen werden.
(3) Diese Angebote sollen insbesondere die in der Familienberatungsarbeit offenbar werdenden besonderen Problemlagen aufgreifen. Die Angebote sollen so ausgestaltet sein, dass auch bildungsungewohnten Personen der Zugang ermöglicht wird.
(4) Familienbildungsangebote sollen auch in geeigneter Weise mit Familienfreizeit- und Familienerholungsmaßnahmen verknüpft werden."

In **Bremen** existiert das Bremische Kinder-, Jugend- und Familienförderungsgesetz (BremKJFFöG) mit einem Abschnitt 6 (Allgemeine Förderung der Erziehung in der Familie) und mit Regelungen über Ziele und Angebote der allgemeinen Förderung der Erziehung in der Familie (§ 28), Familienerholung, Familienfreizeit (§ 30), Familienfreundliche Umwelt (§ 31) und insbesondere über:

„§ 29 Eltern- und Familienbildung

(1) Angebote der Eltern- und Familienbildung sollen den verschiedenen Lebenssituationen unterschiedlicher Familienformen Rechnung tragen. Sie sind in Abstimmung mit den Angeboten der Träger der freien Jugendhilfe und der Träger der Weiterbildung zu entwickeln. Mit ihnen sollen insbesondere in der Beratung von Familien bekannt werdende besondere Problemlagen aufgegriffen werden. Die Angebote sollen auch in geeigneter Weise mit Freizeit- und Erholungsmaßnahmen der Familienförderung verknüpft werden.
(2) Die örtlichen Träger der öffentlichen Jugendhilfe sollen Eltern auf geeignete Weise Informationen und Beratung zu allgemeinen Fragen der Erziehung und Entwicklung ihrer Kin-

> der anbieten. Die Empfänger sind bei der ersten Übermittlung eines Angebotes darauf hinzuweisen, dass sie die weitere Übermittlung von Angeboten dieser Art ablehnen können. Die örtlichen Träger der öffentlichen Jugendhilfe müssen in diesem Fall sicherstellen, dass weitere Angebote dieser Art nicht übermittelt werden."

In **Rheinland-Pfalz** besteht das Landesgesetz zur Ausführung des Kinder- und Jugendhilfegesetzes (AGKJHG) mit einem Siebten Abschnitt (Erziehung in der Familie, Beratung) und den Einzelvorschriften § 16 Allgemeines, § 18 Familienfreizeit und Familienerholung, § 19 Beratung sowie einer besonders umfang- und inhaltsreichen Bestimmung:

> „§ 17 Familienbildung
>
> (1) Der örtliche Träger der öffentlichen Jugendhilfe hat im Rahmen seiner Verpflichtung zur Sicherstellung ausreichender Leistungen zur Förderung der Erziehung in der Familie nach § 16 des Achten Buches Sozialgesetzbuch ein bedarfsgerechtes Angebot an Familienbildung für Mütter, Väter und andere Erziehungsberechtigte sowie für junge Menschen zu gewährleisten. Durch organisierte Zusammenarbeit mit anderen familiennahen Einrichtungen und Diensten auch außerhalb der Jugendhilfe, wie dem Gesundheitswesen, ist auf ein niedrigschwelliges Angebot hinzuwirken, das Familien mit entsprechendem Förderbedarf frühzeitig und alltagsnah erreicht.
> (2) Familienbildung soll insbesondere dazu beitragen, eine partnerschaftliche Lebensgestaltung zu fördern, Mütter, Väter und andere Erziehungsberechtigte bei der Erfüllung ihrer Erziehungsverantwortung zu unterstützen, sie zu befähigen, Familieninteressen zur Geltung zu bringen, die gesunde Entwicklung der Kinder zu fördern und sich für positive Entwicklungsbedingungen für junge Menschen einzusetzen sowie junge Menschen auf ein partnerschaftliches Leben mit Kindern vorzubereiten.

(3) Familienbildung soll den vielfältigen Interessen und Bedürfnissen entsprechen und so gestaltet werden, dass an die individuellen Erfahrungen der teilnehmenden Personen und an die unterschiedlichen Lebenslagen und Erziehungssituationen von Familien angeknüpft und die aktive Mitarbeit und Mitgestaltung gestärkt wird. Alleinerziehende sind hierbei besonders zu berücksichtigen. Die Familienbildungsarbeit ist verstärkt darauf auszurichten, dass auch bildungsungewohnte Personen Zugang zur Familienbildung finden und dass sich auch Väter, andere männliche Erziehungsberechtigte und junge Männer an Maßnahmen der Familienbildung beteiligen.
(4) Familienbildung erfolgt durch vielfältige Angebotsformen, wie beispielsweise Familienbildungsstätten, Familienzentren sowie Häuser der Familie. Die jeweiligen Angebote sind im Jugendhilfeplan des örtlichen Trägers der öffentlichen Jugendhilfe auszuweisen. Sie tragen im Rahmen des Absatzes 1 Satz 2 auch zur Bildung und Qualifizierung lokaler Netzwerke für Familienbildung bei.
(5) Familienbildung soll auch in andere Angebote der Jugendhilfe, z. B. von Beratungsdiensten oder bei Familienfreizeit- und Familienerholungsmaßnahmen, einbezogen werden. Es gehört auch zu den Aufgaben von Kindertagesstätten, im Rahmen ihrer Zielsetzungen und Möglichkeiten Familienbildung zu leisten und selbstorganisierte Familienbildungsarbeit zu unterstützen. Familienbildungsstätten und andere Einrichtungen und Dienste arbeiten zur Verwirklichung entsprechender Angebote zusammen."

In **Schleswig-Holstein** schließlich existiert das Erste Gesetz zur Ausführung des Kinder- und Jugendhilfegesetzes Schleswig-Holstein (Jugendförderungsgesetz – JuFöG) mit dem folgenden „Abschnitt IV Erziehung in der Familie":

„§ 29 Familienbildung

(1) Familienbildung in der Jugendhilfe umfasst familienbezogene Erziehungs-, Bildungs- und Beratungsaufgaben. Familienbildung ist auf die Bedürfnisse, Interessen und Erfahrungen von Familien in unterschiedlichen Lebenslagen und Erziehungssituationen ausgerichtet und soll unterschiedliche Formen des Zusammenlebens berücksichtigen.
(2) Angebote der Familienbildung richten sich an alle Familienmitglieder, insbesondere junge Menschen sowie werdende Mütter und Väter.

§ 30 Zweck der Familienbildung

(1) Familienbildung soll Mütter, Väter und andere Erziehungsberechtigte zur Erziehung in der Familie befähigen und bei der Erfüllung ihrer Erziehungsaufgaben unterstützen. Sie soll insbesondere
1. junge Menschen auf Ehe, Partnerschaft und Zusammenleben mit Kindern vorbereiten,
2. partnerschaftliches Zusammenleben in der Familie fördern und auf Vereinbarkeit von Familie und Beruf für Mütter und Väter hinwirken,
3. die Verantwortung der Familie bei der Erziehung und der Entwicklung der Kinder stärken und unterstützen,
4. helfen, individuelle und allgemeine Problemlösungen für unterschiedliche Lebenssituationen von Familien zu entwickeln, und durch offene Angebote auch bildungsungewohnten Erziehungsberechtigten den Zugang zu Maßnahmen der Familienbildung ermöglichen.

(2) Familienbildung erfolgt vor allem in Form von Kursen, Seminaren, Gesprächskreisen, Einzelgesprächen, offenen Treffpunkten und besonderen Projekten in Familienbildungsstätten sowie in selbsthilfeorientierten und selbstorganisierten Gruppen.

(3) Familienbildungsarbeit soll durch eine den unterschiedlichen Zielen und Wertvorstellungen ihrer Träger entsprechende Vielfalt der Inhalte und Methoden geprägt sein.

§ 31 Förderung der Erziehung durch Alleinerziehende

…" (Vom Abdruck wurde abgesehen.)

## 7.3 Familienbildung nach den Weiterbildungs-/Erwachsenenbildungsgesetzen

### 7.3.1 Förderung der Weiterbildung durch Bund, Länder und EU

Die Rechtsgrundlagen für den Weiterbildungsbereich in der Bundesrepublik Deutschland (außerhalb des SGB VIII und des Landesschulrechts) zeigen sich in einer vierfachen Ausprägung:

- **Bundes- und Landesgesetze**, in denen Aufgaben der Weiterbildung für bestimmte Bereiche geregelt werden (z.B. im SGB III Arbeitsförderung, der Handwerksordnung, dem Berufsbildungsgesetz) oder in denen bestimmten Einrichtungen des öffentlichen Bildungswesens Aufgaben der Weiterbildung zugewiesen werden (z.B. im Hochschulrahmengesetz des Bundes oder in den Hochschulgesetzen der Länder) oder die für die Ordnung von Einzelbereichen erlassen wurden (z.B. im Fernunterrichtsgesetz des Bundes);
- **Ländergesetze zur Förderung der Weiterbildung/Erwachsenenbildung;**
- Gesetzliche Regelungen zur **Freistellung** von bezahlter Arbeit für die Weiterbildung, die als eigenständige Gesetze (Bildungsurlaubsgesetze oder Freistellungsgesetze) verabschiedet wurden oder Teile von Weiterbildungsgesetzen sind;
- **Richtlinien der Europäischen Union** zur Förderung von Projekten der allgemeinen und beruflichen Weiterbildung.

Im Folgenden wird nur auf die Landesgesetze zur Förderung der Weiterbildung und/oder der Erwachsenenbildung eingegangen.

### 7.3.2 Landesgesetze zur Förderung der Weiterbildung/ Erwachsenenbildung

Die meisten Länder haben mit **Weiterbildungs-/Erwachsenenbildungsgesetzen** den Bereich der allgemeinen Weiterbildung, z. B. in Volkshochschulen, in eigener Zuständigkeit für das **Bildungswesen** geregelt (zum Ganzen: Tippelt, Rudolf/von Hippel, Aiga (Hg.), 2018; Internet-Quellen z. B. wb-web.de). Dabei werden durchweg keine landesgesetzlichen (Rechts-)Ansprüche auf öffentliche Förderung statuiert; eine solche erfolgt wie auch im Bereich der Familienbildung nach dem SGB VIII und ergänzendem Landesrecht (siehe Kapitel 7.1 und 7.2) regelmäßig nur **„im Rahmen der zur Verfügung stehenden Haushaltsmittel“**, also „nach Kassenlage“, was Träger von Weiter- und Erwachsenenbildungseinrichtungen immer wieder in wirtschaftliche Schwierigkeiten führen kann.

Wesentliche **Kernpunkte** dieser Landes-Weiterbildungsgesetze sind u. a.:

- Statuierung eines **„Rechts“** auf Weiterbildung für jedermann, das jedoch mit Blick auf einzelne Bildungsangebote nicht individuell einklagbar ist
- Nähere Beschreibungen der **Aufgaben** der Weiterbildung als einem **gleichberechtigten Teil des Bildungswesens** – insbesondere in den Feldern der allgemeinen, politischen, beruflichen und kulturellen Weiterbildung unter Einschluss des Erwerbs von Schulabschlüssen
- Sicherstellung eines bedarfsdeckenden Angebots an Lehrveranstaltungen der Weiterbildung durch **Einrichtungen verschiedener, meist öffentlicher Träger**
- Förderung der Weiterbildung seitens des Landes durch **Übernahme der Kosten** für das hauptamtliche bzw. hauptberufliche pädagogische Personal und für Maßnahmen, die nach Unterrichtsstunden und Teilnehmertagen berechnet werden.

Die meisten Weiterbildungsgesetze der Länder enthalten bedauerlicherweise **keine expliziten Aussagen zur Familienbildung** als Teil der Weiterbildung (außerhalb der Kinder- und Jugendhilfe), sondern nur „Variationen“ der soeben genannten allgemeinen Aspekte, z.B. in den Vorschriften der folgenden Gesetze:

**Baden-Württemberg:** Gesetz zur Förderung der Weiterbildung und des Bibliothekswesens (Weiterbildungsförderungsgesetz)

„§ 1 Stellung und Aufgaben der Weiterbildung …

(1) Die Weiterbildung ist ein eigenständiger, mit Schule, Hochschule und Berufsausbildung gleichberechtigter Teil des Bildungswesens. Die Förderung und Entwicklung eines breitgefächerten und flächendeckenden Bildungsangebotes in der Weiterbildung ist eine öffentliche Aufgabe.
(2) Die Weiterbildung hat die Aufgabe, dem einzelnen zu helfen, im außerschulischen Bereich seine Fähigkeiten und Kenntnisse zu vertiefen, zu erweitern oder zu erneuern. Sie umfasst auf der Grundlage des Grundgesetzes und der Landesverfassung die allgemeine Bildung, die berufliche Weiterbildung und die politische Bildung. Die Weiterbildung soll den einzelnen zu einem verantwortlichen Handeln im persönlichen, beruflichen und öffentlichen Bereich befähigen und damit der freien Gesellschaft im demokratischen und sozialen Rechtsstaat dienen.“

**Bayerisches** Erwachsenenbildungsförderungsgesetz (BayEbFöG)

„Art. 1 Ziel des Gesetzes

(1) Der Staat fördert im Rahmen dieses Gesetzes die nicht durch besondere Rechtsvorschriften geregelte Aus-, Fort- und Weiterbildung von Personen, die das 15. Lebensjahr vollendet haben, außerhalb von Schule, Hochschule und Beruf (Erwachsenenbildung).
(2) Erwachsenenbildung ist ein eigenständiger, gleichberechtigter Hauptbereich des Bildungswesens. Sie dient der Verwirklichung des Rechts jedes Einzelnen auf Bildung und verfolgt das Ziel, zur Selbstverantwortung und Selbstbestimmung des Menschen beizutragen. Sie gibt mit ihren Bildungsangeboten

Gelegenheit, die in der Schule, in der Hochschule oder in der beruflichen Aus- und Fortbildung erworbene Bildung zu vertiefen, zu erneuern und zu erweitern. Ihr Bildungsangebot erstreckt sich insbesondere auf persönliche, gesellschaftliche, politische, sprachliche, gesundheitliche, kulturelle, religiöse, wirtschaftliche und berufliche Bereiche. Sie ermöglicht dadurch den Erwerb von zusätzlichen Kenntnissen und Fähigkeiten, fördert die Urteils- und Entscheidungsfähigkeit, führt zum Abbau von Vorurteilen und befähigt zu einem besseren Verständnis gesellschaftlicher und politischer Vorgänge als Voraussetzung eigenen verantwortungsbewussten Handelns. Sie fördert die Entfaltung schöpferischer Fähigkeiten. Sie leistet zudem einen wichtigen Beitrag für die Zukunftsfähigkeit des Staates und seiner Gesellschaft in einer Welt, die geprägt ist von globalen Veränderungen, wie etwa dem Klimawandel, demografischen Veränderungen sowie der Digitalisierung nahezu aller Lebensbereiche."

Ganz ähnliche Aufgabenbeschreibungen finden sich u.a. in den folgenden Gesetzen:

- § 1 des Gesetzes zur Regelung und Förderung der Weiterbildung im Land **Brandenburg**
- § 1 des Weiterbildungsgesetzes (WBG) **Rheinland-Pfalz**
- § 2 des **Sächsischen** Weiterbildungsgesetzes
- § 2 des **Thüringer** Erwachsenenbildungsgesetzes.

### 7.3.3 Familienbildung als expliziter Bestandteil der Landesgesetze zur Förderung der Weiterbildung/Erwachsenenbildung

In den beiden folgenden Weiterbildungsgesetzen der Länder wird der Bereich der **Familienbildung** immerhin **explizit** mit genannt:

Gesetz zur Förderung der Weiterbildung und des lebensbegleitenden Lernens im Lande **Hessen** (Hessisches Weiterbildungsgesetz – HWBG):

„§ 2 Aufgaben der Einrichtungen der Weiterbildung und des lebensbegleitenden Lernens

(1) Die Einrichtungen der Weiterbildung haben als Bildungsdienstleister die Aufgabe, die Grundversorgung an Weiterbildung sicherzustellen und durch ihre Angebote die Weiterbildungsbeteiligung zu fördern. Ihr Bildungsangebot umfasst Inhalte, die die Entfaltung der Persönlichkeit fördern, die Fähigkeit zur Mitgestaltung des demokratischen Gemeinwesens stärken und die Anforderungen der Arbeitswelt bewältigen helfen. Es umfasst die Bereiche der allgemeinen, politischen, beruflichen und kulturellen Weiterbildung sowie der Weiterbildung im Zusammenhang mit der Ausübung eines Ehrenamtes und schließt die Vorbereitung auf den Erwerb von Schulabschlüssen sowie Gesundheitsbildung, **Eltern-, Familien-, Frauen- und Männerbildung** unter Berücksichtigung des Gender Mainstreaming Prinzips ein.“

Gesetz zur Förderung der Weiterbildung in **Mecklenburg-Vorpommern** (Weiterbildungsförderungsgesetz – WBFöG M-V):

„§ 3 Ziele, Aufgaben und Inhalte der Weiterbildung

(1) Weiterbildung dient der Verwirklichung des Rechts auf Bildung. Sie steht allen Menschen im Land offen.
(2) Weiterbildung soll die Vertiefung und Ergänzung vorhandener oder den Erwerb neuer Kompetenzen und Qualifikationen ermöglichen, zur Orientierung und Lebenshilfe dienen sowie zu selbstständigem, eigenverantwortlichem und kritischem Handeln im persönlichen, sozialen, politischen, kulturellen und beruflichen Leben befähigen. Dazu gehört auch die **Fähigkeit zur verantwortungsbewussten Wahrnehmung von Erziehungs- und anderen Familienaufgaben** sowie zum verantwortlichen Umgang mit der Natur. Bedarfsgerechte Weiterbildungsangebote sollen Benachteiligungen entgegenwirken, zur Chancengleichheit und Geschlechtergerechtigkeit beitragen, Nachhal-

tigkeit befördern und der Bekämpfung rassistischer und anderer extremistischer Bestrebungen dienen."

Dabei gibt es **Berührungen und Überschneidungen** mit der Familienbildung nach § 16 SGB VIII und dem einschlägigen Landesausführungsrecht (siehe Kapitel 7.1 und 7.2). Teilweise gibt es inhaltliche Parallelen und deshalb auch Anlass und Ansatzpunkte für sektorenübergreifende Kooperationen – bei weiterhin bestehender institutioneller Trennung und unterschiedlichen Rechtsgrundlagen, Verpflichtungen und Finanzierungsregelungen.

### Literaturhinweise

**KUNKEL,** Peter/Pattar, Kurt 7 2018: Kommentierung von § 16 SGB VIII: in LPK-SGB VIII. Baden-Baden.

**LUTHE,** Ernst-Wilhelm/Gabriele Nellisen (Hg.) 2 2018: SGB VIII Kinder- und Jugendhilfe. jurisPK SGB VIII. Saarbrücken.

**MÜNDER,** Johannes et al. 8 2019: Frankfurter Kommentar zum SGB VIII. Kinder- und Jugendhilfe. Baden-Baden.

**STRUCK,** Jutta, Kommentierung: von § 16 SGB VIII, in Wiesner, Reinhard 5 2015.

**SÜNDERHAUF,** Hildegund 2 2018: Kommentierung von § 16, in: Luthe/Nellisen (Hg.), SGB VIII Kinder- und Jugendhilfe. jurisPK SGB VIII. Saarbrücken.

**TIPPELT,** Rudolf/von Hippel, Aiga (Hg.) 6 2018: Handbuch Erwachsenenbildung/ Weiterbildung. Wiesbaden.

**WABNITZ,** Reinhard Joachim 6 2020a: Grundkurs Kinder- und Jugendhilferecht für die Soziale Arbeit. München.

**WIESNER,** Reinhard 5 2015: SGB VIII Kinder- und Jugendhilfe. München.

# 8. Tageseinrichtungen für Kinder und Kindertagespflege

## 8.1 Überblick, Aufgaben und Rechtsansprüche nach dem SGB VIII

### 8.1.1 Überblick

Der Bereich der Förderung von Kindern in Tageseinrichtungen und in Kindertagespflege ist das mit Abstand **größte Arbeitsfeld der Kinder- und Jugendhilfe**. Im Jahre 2019 wurden hierfür ca. 36,9 Milliarden Euro und damit ca. zwei Drittel der bundesweit für die Erfüllung aller Aufgaben der Kinder- und Jugendhilfe nach dem SGB VIII getätigten Ausgaben (in Höhe von insgesamt ca. 54,9 Milliarden Euro) verwendet (Statistisches Bundesamt 2020a). Zugleich existiert hier mit über 3,6 Millionen Plätzen in ca. 60.000 Einrichtungen und mit ca. 700.000 dort beschäftigten Personen (ohne Kindertagespflege) die breiteste Angebotsstruktur der Kinder- und Jugendhilfe für grundsätzlich alle Kinder der entsprechenden Altersjahrgänge in Deutschland (Statistisches Bundesamt 2020b; siehe auch Deutscher Bundestag 2013, Kapitel 10.3 sowie 15.1).

**Träger von Tageseinrichtungen** für Kinder befinden sich nach wie vor überwiegend in privater, und zwar in freigemeinnütziger, insbesondere kirchlicher, teilweise auch in privat-gewerblicher, aber auch in öffentlicher Trägerschaft sowie in Trägerschaft von Betrieben. Zumeist handelt es sich um Einrichtungen der Kinder- und Jugendhilfe nach dem SGB VIII. Es gibt jedoch auch Einrichtungen in Trägerschaft der Eingliederungshilfe für behinderte Kinder und Jugendliche sowie an Schulen (a. a. O).

**Bundesrechtliche Rechtsgrundlage** für die Förderung von Kindern in Tageseinrichtungen und in Kindertagespflege sind die seit 1992 wiederholt geänderten §§ 22 bis 26 SGB VIII, die maßgeblich auf Konkretisierung durch Landesrecht hin angelegt sind (dazu im Einzelnen Wabnitz 2015b, 59 ff., 279 ff.). Das Bundesrecht enthält **nur wenige Vorschriften** grundsätzlicher Art – insbesondere in § 22 SGB VIII – und sodann die wichtige Regelung in § 24 SGB VIII:

Dort ist bestimmt, mit Blick auf welche Angebotsformen Kinder einen **Anspruch** haben oder lediglich objektiv-rechtliche Verpflichtungen der Träger der öffentlichen Jugendhilfe bestehen, nämlich darauf hinzuwirken, dass entsprechende Angebote in bedarfsgerechtem Umfang zur Verfügung stehen (dazu Kapitel 8.1.3). Näheres zu den Tageseinrichtungen für Kinder wird in sehr allgemeiner Form in § 22a SGB VIII, Näheres zur Kindertagespflege wesentlich konkreter in § 23 SGB VIII geregelt. In § 25 SGB VIII werden wenige allgemeine Aussagen zur Unterstützung selbstorganisierter Förderung von Kindern getroffen. Gemäß § 26 Satz 1 SGB VIII regelt „das **Landesrecht**" Näheres zu den §§ 22 bis 25 SGB VIII (dazu Kapitel 8.3).

§ 22 SGB VIII enthält **Definitionen**, Abgrenzungen und Grundsätze der Förderung in **Tageseinrichtungen für Kinder** und in **Kindertagespflege**. Gemäß § 22 Abs. 1 Satz 1 SGB VIII werden Tageseinrichtungen als Einrichtungen definiert, in denen sich Kinder für einen Teil des Tages oder ganztägig aufhalten und in Gruppen gefördert werden. Als rechtlich gleichwertiges Angebot ist gemäß § 22 Abs. 1 Satz 2 SGB VIII die Kindertagespflege vorgesehen, die entweder von einer geeigneten Tagespflegeperson in deren Haushalt, im Haushalt der Personensorgeberechtigten oder (aufgrund von Landesrecht nach § 22 Abs. 1 Satz 4 SGB VIII) in anderen geeigneten Räumen geleistet wird.

Das Landesrecht regelt gemäß § 22 Abs. 1 Satz 3 SGB VIII auch das Nähere über die **Abgrenzung** von Tageseinrichtungen und Kindertagespflege. Zumeist wird die Grenze dort gezogen, wo in Kindertagespflege mehr als fünf gleichzeitig anwesende fremde Kinder ganztags oder mehr als zehn Kinder halbtags betreut werden (ohne eigene Kinder der Kindertagespflegeperson). Ein darüber hinausgehendes Angebot gilt dann als Einrichtung (mit der Konsequenz der Verpflichtung zur Einholung einer Betriebserlaubnis nach § 45 SGB VIII durch das Landesjugendamt gemäß § 85 Abs. 2 Nr. 6 SGB VIII), während es bis zu dieser Grenze ggf. einer Erlaubnis zur Kindertagespflege nach § 43 SGB VIII durch das Jugendamt bedarf (vgl. § 43 Abs. 3 SGB VIII oder z.B. § 29 Abs. 4 und 5 des Hessischen Kinder- und Jugendhilfegesetzbuchs).

### 8.1.2 Aufgaben und Ziele der Förderung von Kindern in Tageseinrichtungen und in Kindertagespflege

**Aufgaben und Ziele** der Förderung in Tageseinrichtungen für Kinder und in Kindertagespflege werden in § 22 Abs. 2 und 3 SGB VIII umschrieben. Gemäß § 22 Abs. 2 SGB VIII sollen diese:

- „die Entwicklung des **Kindes** zu einer eigenverantwortlichen und gemeinschaftsfähigen Persönlichkeit fördern,
- die Erziehung und Bildung in der **Familie** unterstützen und ergänzen,
- den Eltern dabei helfen, **Erwerbstätigkeit** und Kindererziehung besser miteinander vereinbaren zu können."

Der **Förderungsauftrag** wird in § 22 Abs. 3 SGB VIII wie folgt bundesgesetzlich umschrieben:

> „Der Förderungsauftrag umfasst Erziehung, Bildung und Betreuung des Kindes und bezieht sich auf die soziale, emotionale, körperliche und geistige Entwicklung des Kindes. Er schließt die Vermittlung orientierender Werte und Regeln ein. Die Förderung soll sich am Alter und Entwicklungsstand, den sprachlichen und sonstigen Fähigkeiten, der Lebenssituation sowie den Interessen und Bedürfnissen des einzelnen Kindes orientieren und seine ethnische Herkunft berücksichtigen."

Aus dieser **„Aufgabentrias"** von **Erziehung, Bildung und Betreuung** des Kindes ergibt sich ein umfassender, sozialpädagogisch orientierter und auf die gesamte Entwicklung des Kindes bezogener Förderungsauftrag (so auch BVerfGE 97, 332). Er unterscheidet sich, trotz mancher Überschneidungen und Übergänge, insoweit von dem Auftrag der Schule, wo Bildungsaspekte stärker im Vordergrund stehen. Dies war auch überzeugenderweise der wesentliche Hintergrund für die in Westdeutschland bereits in den 1970er-Jahren getroffene Weichenstellung dahingehend, den Bereich der Tageseinrichtungen für Kinder der Kinder- und Jugendhilfe und nicht dem Schulwesen (etwa in Form von Vorschulen) zuzuordnen (vgl. z.B. Gerstein in GK-SGB VIII, § 22, Rz. 9 ff; Wabnitz 2018, § 25, Teil 2).

Das SGB VIII verwendet zur Unterscheidung der **verschiedenen Arten von Tageseinrichtungen** für Kinder nicht mehr die „klassischen“ Begriffe wie etwa Krippe/Kinderkrippe, Kindergarten oder Hort. Das SGB VIII überlässt dies vielmehr dem Landesrecht aufgrund von § 26 Satz 1 SGB VIII und differenziert insbesondere in § 24 SGB VIII nur noch nach **Altersstufen** (siehe im Einzelnen Kapitel 8.1.3). Landesrecht regelt ggf. auch die Förderung in altersgemischten Gruppen oder Kinderhäusern oder ggf. Näheres zur selbst organisierten Förderung (vgl. § 25 SGB VIII).

Insbesondere aufgrund des Tagesbetreuungsausbaugesetzes (TAG) vom 27.12.2004 (GVBl. I, 3852), des Kinder- und Jugendhilfeweiterentwicklungsgesetzes (KICK) vom 08.09.2005 (BGBl. I, 2729) sowie des Kinderförderungsgesetzes vom 10.12.2008 (BGBl. I, 2403) sind die §§ 22 ff. SGB VIII mit dem Ziel eines bedarfsgerechten und qualitätsorientierten Ausbaus der Tagesbetreuung neu gefasst worden. Das KJSG wird weitere kleine Änderungen beinhalten.

### 8.1.3 Rechtsansprüche und objektiv-rechtliche Verpflichtungen

Die sicherlich **wichtigste Norm des Bundesrechts ist § 24 SGB VIII**, in dem bundeseinheitlich festgelegt ist, im Hinblick auf welche Förderangebote in Tageseinrichtungen und in Kindertagespflege Kinder, vertreten durch ihre Eltern, einen einklagbaren (Rechts-)“**Anspruch**“ haben – oder wo dies nicht der Fall ist, weil lediglich **objektive Rechtsverpflichtungen** der Träger der öffentlichen Jugendhilfe bestehen, darauf hinzuwirken, dass entsprechende bedarfsgerechte Angebote zur Verfügung zu stehen (zur Unterscheidung zwischen (Rechts-)Ansprüchen und objektiven Rechtsverpflichtungen siehe Kapitel 6.2.3). Da die Regelungen von § 24 SGB VIII in allen Punkten auf eindeutigen Entscheidungen des Gesetzgebers beruhen, kommt hier – anders als vielfach sonst (siehe Kapitel 6.2.3) – die Annahme von Rechtsansprüchen aufgrund einer Auslegung/Interpretation von § 24 SGB VIII nicht in Betracht!

§ 24 SGB VIII („Anspruch auf Förderung in Tageseinrichtungen und in Kindertagespflege) lautet (derzeit) wie folgt:

„(1) Ein Kind, das das erste Lebensjahr noch nicht vollendet hat, ist in einer Einrichtung oder in Kindertagespflege zu fördern, wenn

1. diese Leistung für seine Entwicklung zu einer eigenverantwortlichen und gemeinschaftsfähigen Persönlichkeit geboten ist oder
2. die Erziehungsberechtigten
   a) einer Erwerbstätigkeit nachgehen, eine Erwerbstätigkeit aufnehmen oder Arbeit suchend sind,
   b) sich in einer beruflichen Bildungsmaßnahme, in der Schulausbildung oder Hochschulausbildung befinden oder
   c) Leistungen zur Eingliederung in Arbeit im Sinne des Zweiten Buches erhalten.

Lebt das Kind nur mit einem Erziehungsberechtigten zusammen, so tritt diese Person an die Stelle der Erziehungsberechtigten. Der Umfang der täglichen Förderung richtet sich nach dem individuellen Bedarf.

(2) Ein Kind, das das erste Lebensjahr vollendet hat, hat bis zur Vollendung des dritten Lebensjahres Anspruch auf frühkindliche Förderung in einer Tageseinrichtung oder in Kindertagespflege. Absatz 1 Satz 3 gilt entsprechend.

(3) Ein Kind, das das dritte Lebensjahr vollendet hat, hat bis zum Schuleintritt Anspruch auf Förderung in einer Tageseinrichtung. Die Träger der öffentlichen Jugendhilfe haben darauf hinzuwirken, dass für diese Altersgruppe ein bedarfsgerechtes Angebot an Ganztagsplätzen zur Verfügung steht. Das Kind kann bei besonderem Bedarf oder ergänzend auch in Kindertagespflege gefördert werden.

(4) Für Kinder im schulpflichtigen Alter ist ein bedarfsgerechtes Angebot in Tageseinrichtungen vorzuhalten. Absatz 1 Satz 3 und Absatz 3 Satz 3 gelten entsprechend.

(5) Die Träger der öffentlichen Jugendhilfe oder die von ihnen beauftragten Stellen sind verpflichtet, Eltern oder Elternteile, die Leistungen nach den Absätzen 1 bis 4 in Anspruch nehmen wollen, über das Platzangebot im örtlichen Einzugsbereich und

die pädagogische Konzeption der Einrichtungen zu informieren und sie bei der Auswahl zu beraten. Landesrecht kann bestimmen, dass die erziehungsberechtigten Personen den zuständigen Träger der öffentlichen Jugendhilfe oder die beauftragte Stelle innerhalb einer bestimmten Frist vor der beabsichtigten Inanspruchnahme der Leistung in Kenntnis setzen.
(6) Weitergehendes Landesrecht bleibt unberührt."

Die Regelungen in § 24 SGB VIII (in der derzeit geltenden Fassung) enthalten also teils objektive Rechtsverpflichtungen sowie teils explizite Rechtsansprüche, und zwar bei **Tageseinrichtungen für Kinder:**

1. betreffend Angebote für Kinder, die das erste Lebensjahr noch nicht vollendet haben:

1.1 objektive **Rechtsverpflichtung** zur Förderung gemäß Abs. 1 Satz 1 und 2,

1.2 je nach dem individuellen Bedarf gemäßAbs. 1 Satz 3;

2. betreffend Angebote für Kinder, die das erste Lebensjahr vollendet haben, bis zur Vollendung des dritten Lebensjahres:

2.1 **Anspruch** des Kindes auf Förderung in einer Tageseinrichtung gemäß Abs. 2 Satz 1,

2.2 je nach dem individuellen Bedarf gemäß Abs. 2 Satz 2 i.V.m. Abs. 1 Satz 3;

3. betreffend Angebote für Kinder, die das dritte Lebensjahr vollendet haben, bis zum Schuleintritt:

3.1 **Anspruch** des Kindes auf Förderung in einer Einrichtung (in einem nicht näher definierten zeitlichen Umfang) gemäß Abs. 3 Satz 1,

3.2 objektive **Rechtsverpflichtung** hinsichtlich der Zurverfügungstellung eines Ganztagsplatzes in einer Einrichtung gemäß Abs. 3 Satz 2;

4. betreffend Angebote für Kinder im schulpflichtigen Alter:

4.1 objektive **Rechtsverpflichtung** hinsichtlich der Zurverfügungstellung eines Angebotes in einer Tageseinrichtung gemäß Abs. 4 Satz 1,

4.2 je nach dem individuellen Bedarf gemäß Abs. 4 Satz 2 i.V.m. Abs. 1 Satz 3.

Im Bereich der **Kindertagespflege** stellt sich die Rechtssituation wie folgt dar:

1. betreffend Angebote für Kinder, die das erste Lebensjahr noch nicht vollendet haben:
1.1 objektive **Rechtsverpflichtung** zur Förderung gemäß Abs. 1 Satz 1 und 2,
1.2 je nach dem individuellen Bedarf gemäß Abs. 1 Satz 3;
2. betreffend Angebote für Kinder, die das erste Lebensjahr vollendet haben, bis zur Vollendung des dritten Lebensjahres:
2.1 **Anspruch** des Kindes auf Förderung in Kindertagespflege gemäß Abs. 2 Satz 1,
2.2 je nach dem individuellen Bedarf gemäß Abs. 2 Satz 2 i.V.m. Abs. 1 Satz 3;
3. betreffend Angebote für Kinder, die das dritte Lebensjahr vollendet haben, bis zum Schuleintritt: Das Kind **kann** bei besonderem Bedarf oder ergänzend auch in Kindertagespflege gefördert werden gemäß Abs. 3 Satz 3;
4. betreffend Angebote für Kinder im schulpflichtigen Alter: Das Kind **kann** bei besonderem Bedarf oder ergänzend auch in Kindertagespflege gefördert werden gemäß Abs. 4 Satz 2 i.V.m. Abs. 3 Satz 3.

## 8.2 Förderangebote im Einzelnen

### 8.2.1 Förderung in Tageseinrichtungen für Kinder

**Förderangebote für Kinder vor Vollendung des ersten und des dritten Lebensjahres**

Bei den Angeboten gemäß § 24 Abs. 1 SGB VIII (ohne Rechtsanspruch) und Abs. 2 SGB VIII (mit Rechtsanspruch) handelt es sich um solche der frühkindlichen Förderung in Einrichtungen für Kinder im Alter von unter einem Jahr bzw. unter drei Jahren. Die entsprechenden Einrichtungen werden nach Landesrecht zumeist als

Krippen oder Einrichtungen zur Kleinkinderbetreuung u.a. bezeichnet. § 24 Abs. 2 SGB VIII ist vor dem Hintergrund der in den westlichen Bundesländern völlig unzureichenden Versorgungssituation bis Anfang des 21. Jahrhunderts seit dem Jahr 2005 wiederholt geändert und schrittweise „verschärft" worden (dazu ausführlich Wabnitz 2015b, 123 ff., 279 ff.), insbesondere durch das **Kinderförderungsgesetz** von 2008. Aufgrund dieses Gesetzes wurde mit Wirkung vom 01.08.2013 der **Rechtsanspruch** nach § 24 Abs. 2 Satz 1 SGB VIII für Kinder ab Vollendung des ersten bis zur Vollendung des dritten Lebensjahres in das SGB VIII eingefügt, und seit 2008 kam es schrittweise zur Schaffung von mehreren 100.000 Plätzen in den westlichen Bundesländern; in den östlichen Ländern bestand noch aus DDR-Zeiten quantitativ eine „Vollversorgung".

**Förderangebote für Kinder ab Vollendung des dritten Lebensjahres bis Schuleintritt**

Eine ähnliche Entwicklung hatte sich bereits in den 1990er-Jahren auch im Kindergartenbereich vollzogen (dazu ebenfalls ausführlich Wabnitz 2015b, 59 ff., 279 ff.). Da möglichst alle Kinder im Alter von drei Jahren bis zum Schuleintritt diese für die frühkindliche Erziehung, Bildung, Sprachförderung, Sozialisation und Integration in die Gesellschaft fast unverzichtbare Einrichtung besuchen sollen, wurde im Jahre 1992 mit dem früheren § 24 Abs. 1 SGB VIII (zunächst mit Übergangsfristen bis 1996/1998) als „Meilenstein der Kinder- und Jugendhilfegesetzgebung" der „berühmte" **Kindergartenrechtsanspruch** im SGB VIII verankert (jetzt: in § 24 Abs. 3 Satz 1 SGB VIII). Aufgrund dessen kam es in den alten Bundesländern (bei Vollversorgung in den neuen Bundesländern) seit 1992 ebenfalls zur Schaffung von mehreren 100.000 Plätzen.

Allerdings wurde weder in dem früheren § 24 Abs. 1 SGB VIII noch in dem nunmehr geltenden § 24 Abs. 3 Satz 1 SGB VIII Näheres über den zeitlichen **Mindestumfang** der Förderung oder über die zumutbare **Entfernung** zur Einrichtung ausgeführt. Zahlreiche Autoren fordern insoweit eine tägliche Mindestbetreuungsdauer von 6 Stunden (statt aller: Gerstein in GK-SGB VIII, § 24 Rz. 11, 12;

Münder et al. 2019, § 24 Rz. 9; dies ist aber nicht unstrittig). Mit Blick auf Ganztagsangebote besteht nach wie vor lediglich eine objektive Rechtsverpflichtung nach § 24 Abs. 3 Satz 2 SGB VIII zur Schaffung „bedarfsgerechter" Angebote (auf der Grundlage der Jugendhilfeplanung nach § 80 SGB VIII). Als noch zumutbare Entfernung/Fahrzeit wird häufig eine solche von ca. 20 bis 30 Minuten bis zur Einrichtung angesehen.

**Förderangebote für Kinder im schulpflichtigen Alter**
Förderangebote für Kinder im schulpflichtigen Alter, zumeist nach Landesrecht als Horte bezeichnet, sind – neben Ganztagsschulangeboten in Zuständigkeit der Schulverwaltung – Einrichtungen der Kinder- und Jugendhilfe gemäß § 24 Abs. 4 Satz 1 SGB VIII zur Erziehung, Bildung und Betreuung von Schulkindern in der Regel am Nachmittag, deren Vorhaltung der Träger der öffentlichen Jugendhilfe (ohne Rechtsanspruch!) in „bedarfsgerechtem" Umfang (nach Maßgabe der Jugendhilfeplanung nach § 80 SGB VIII) zu gewährleisten hat.

### 8.2.2 Förderung in Kindertagespflege

Die Förderung in Kindertagespflege nach § 23 SGB VIII ist die in § 22 SGB VIII ausdrücklich vorgesehene, **rechtlich gleichwertige Alternative** zur Förderung von Kindern im Alter von unter drei Jahren in Tageseinrichtungen. Erziehungsberechtigte und Tagespflegepersonen haben gemäß § 23 Abs. 4 Satz 1 SGB VIII **Anspruch auf Beratung** in allen Fragen der Kindertagespflege.

Gemäß § 23 Abs. 1 SGB VIII (in der derzeit geltenden Fassung) umfasst die Förderung in Kindertagespflege:

> „(1) Die Förderung in Kindertagespflege nach Maßgabe von § 24 umfasst die **Vermittlung** des Kindes zu einer geeigneten Tagespflegeperson, soweit diese nicht von der erziehungsberechtigten Person nachgewiesen wird, deren fachliche **Beratung, Begleitung** und weitere **Qualifizierung** sowie die Gewährung einer laufenden Geldleistung an die Tagespflegeperson.

(2) Die **laufende Geldleistung** nach Absatz 1 umfasst

1. die Erstattung angemessener Kosten, die der Tagespflegeperson für den Sachaufwand entstehen,
2. einen Betrag zur Anerkennung ihrer Förderungsleistung nach Maßgabe von Absatz 2a,
3. die Erstattung nachgewiesener Aufwendungen für Beiträge zu einer Unfallversicherung sowie die hälftige Erstattung nachgewiesener Aufwendungen zu einer angemessenen Alterssicherung der Tagespflegeperson und
4. die hälftige Erstattung nachgewiesener Aufwendungen zu einer angemessenen Krankenversicherung und Pflegeversicherung.

(2a) Die Höhe der laufenden Geldleistung wird von den Trägern der öffentlichen Jugendhilfe festgelegt, soweit Landesrecht nicht etwas anderes bestimmt. Der Betrag zur Anerkennung der Förderungsleistung der Tagespflegeperson ist leistungsgerecht auszugestalten. Dabei sind der zeitliche Umfang der Leistung und die Anzahl sowie der Förderbedarf der betreuten Kinder zu berücksichtigen."

In § 23 Abs. 3 SGB VIII hat der Bundesgesetzgeber die folgenden **Eignungskriterien** verankert:

> „Geeignet im Sinne von Absatz 1 sind Personen, die sich durch ihre **Persönlichkeit, Sachkompetenz** und **Kooperationsbereitschaft** mit Erziehungsberechtigten und anderen Tagespflegepersonen auszeichnen und über **kindgerechte Räumlichkeiten** verfügen. Sie sollen über **vertiefte Kenntnisse** hinsichtlich der Anforderungen der Kindertagespflege verfügen, die sie in qualifizierten Lehrgängen erworben oder in anderer Weise nachgewiesen haben."

Dies sind im Wesentlichen dieselben Eignungskriterien betreffend die Erteilung einer **Erlaubnis** zur Kindertagespflege gemäß § 43 Abs. 2 Satz 2 Nrn. 1 bis 3 SGB VIII. Einer solchen Erlaubnis des Jugendamtes bedarf allerdings gemäß § 43 Abs. 1 SGB VIII nur eine Person, „die ein Kind oder mehrere Kinder außerhalb des Haushalts des Erziehungsberechtigten während eines Teils des Tages und mehr als 15 Stunden wöchentlich gegen Entgelt länger als drei Monate betreuen will". Eine solche Erlaubnis befugt – vorbehaltlich „anderweiter landesrechtliche" Regelungen – gemäß § 43 Abs. 3 Satz 1 SGB VIII zur Betreuung von bis zu fünf gleichzeitig anwesenden fremden Kindern.

### 8.2.3 Andere Förderangebote

Für andere Förderangebote, z. B. in Form von altersgemischten Gruppen oder Kinderhäusern, enthält das SGB VIII keine Regelungen. Gemäß § 25 SGB VIII „sollen" (ohne Rechtsanspruch) Mütter, Väter und andere Erziehungsberechtigte, die die Förderung von Kindern **selbst organisieren** wollen, etwa im Rahmen von Elterninitiativen, beraten und unterstützt werden.

## 8.3 Landesrecht

### 8.3.1 Regelungsinhalte des Landesrechts

Die §§ 22 ff. SGB VIII betreffend die Förderung von Kindern in Tageseinrichtungen und in Kindertagespflege werden maßgeblich durch Landesrecht konkretisiert und geprägt. § 26 Satz 1 SGB VIII lautet: „**Das Nähere über Inhalt und Umfang** der in diesem Abschnitt geregelten Aufgaben und Leistungen regelt das Landesrecht." Und in § 74a Satz 1 SGB VIII heißt es zudem: „Die **Finanzierung** von Tageseinrichtungen regelt das Landesrecht." Auf dieser Grundlage existieren in allen 16 Bundesländern separate, zum Teil sehr **ausführliche Landesgesetze** über die Förderung von Kindern in Tageseinrichtungen und in Tagespflege.

Der **Schwerpunkt** der landesrechtlichen Regelungen liegt im Bereich der **Tageseinrichtungen** für Kinder. Aber **auch** zum Bereich der bundesrechtlich wesentlich detaillierter geregelten **Kindertagespflege** gibt es ergänzendes Landesrecht, z. B. über die Qualifizierung und Beratung von Tagespflegepersonen, über die Abgrenzung zu den Tageseinrichtungen für Kinder, über geeignete Räumlichkeiten, Rauchverbote sowie ergänzende Regelungen zur Tagespflegeerlaubnis nach § 43 SGB VIII, etwa zur Zahl der zu betreuenden Kinder oder zur Beschränkung der Erlaubnis im Einzelfall, und über die Landesförderung für Kindertagespflege.

In **sechs Ländern** gibt es über § 24 SGB VIII hinausgehende **landesrechtliche Regelungen zum Rechtsanspruch** auf ein Betreuungsangebot, und zwar gemäß:

- § 1 Abs. 2 bis 4 Kindertagesstättengesetz **Brandenburg:**

  „§ 1 Rechtsanspruch

  (2) Kinder **vom vollendeten ersten Lebensjahr bis zur Versetzung in die fünfte Schuljahrgangsstufe** haben einen **Rechtsanspruch** auf Erziehung, Bildung, Betreuung und Versorgung in Kindertagesstätten, der auch nach Maßgabe des Absatzes 4 erfüllt werden kann. Kinder bis zum vollendeten ersten Lebensjahr und Kinder der fünften und sechsten Schuljahrgangsstufe haben einen **Rechtsanspruch, wenn** ihre familiäre Situation, insbesondere die Erwerbstätigkeit, die häusliche Abwesenheit wegen Erwerbssuche, die Aus- und Fortbildung der Eltern oder ein besonderer Erziehungsbedarf Tagesbetreuung erforderlich macht. Kinder bis zum vollendeten ersten Lebensjahr sollen auch nach Wegfall der Anspruchsvoraussetzungen im Umfang der Mindestbetreuungszeit weiter betreut werden.
  (3) Der Anspruch nach Absatz 2 ist für Kinder im Alter bis zur Einschulung mit einer Mindestbetreuungszeit von sechs Stunden und für Kinder im Grundschulalter mit einer Mindestbetreuungszeit von vier Stunden erfüllt. …
  (4) Art und Umfang der Erfüllung des Anspruchs soll dem Bedarf des Kindes entsprechen. **Bedarfserfüllend** können für Kinder bis zum vollendeten dritten Lebensjahr und für Kinder im Grundschulalter **auch** Kindertagespflege, Spielkreise, integrierte Ganztagsangebote von Schule und Kindertagesbetreuung oder andere Angebote sein, wenn sie der familiären Situation der Kinder Rechnung tragen und im jeweils erforderlichen Rahmen die Aufgaben und Ziele nach § 3 gewährleisten.“

- § 6 Abs. 1 bis 3 des **Hamburger** Kinderbetreuungsgesetzes:

  „§ 6 Anspruch auf Förderung

  (1) Jedes Kind hat **vom vollendeten ersten Lebensjahr bis zum Schuleintritt Anspruch** auf den Besuch einer Tageseinrichtung. …
  (2) Jedes Kind hat **bis zum vollendeten 14. Lebensjahr Anspruch** auf Tagesbetreuung in dem zeitlichen Umfang, in dem seine Sorgeberechtigten wegen Berufstätigkeit, Ausbildung, der Teilnahme an einer Maßnahme der beruflichen Weiterbildung im Sinne des Dritten Buches Sozialgesetzbuch (SGB III) vom 24. März 1997 (BGBl. I, S. 594, 595), zuletzt geändert am 27. Dezember 2003 (BGBl. I, S. 3022, 3054), oder der Teilnahme an Deutsch-Sprachkursen für Migrantinnen und Migranten die Betreuung nicht selbst übernehmen können. …
  (3) Kinder mit dringlichem sozial bedingten oder pädagogischen Bedarf haben **Anspruch** auf Tagesbetreuung in dem zeitlichen Umfang, der es erlaubt, sie bedarfsgerecht zu fördern. …“

- § 6 Abs. 2 Kindertagesförderungsgesetz **Mecklenburg-Vorpommern**:

  „(2) Kinder mit gewöhnlichem Aufenthalt in Mecklenburg-Vorpommern haben **ab vollendetem erstem Lebensjahr bis zum Schuleintritt Anspruch** auf Förderung in einer Kindertageseinrichtung oder bis zum vollendeten dritten Lebensjahr in der Kindertagespflege. Ab dem vollendeten dritten Lebensjahr kann die Förderung bei besonderem Bedarf oder ergänzend auch in Kindertagespflege erfolgen.“
  (Hinweis: Dies bezieht sich offenbar auch auf Ganztagsplätze!)

- § 5 Abs. 1 Kindertagesstättengesetz **Rheinland-Pfalz**:

  „§ 5 Angebote im Kindergarten

  (1) **Kinder** haben **vom vollendeten zweiten Lebensjahr** bis zum Schuleintritt **Anspruch** auf Erziehung, Bildung und Betreuung

im **Kindergarten.** Das Jugendamt hat zu gewährleisten, dass für jedes Kind rechtzeitig ein Kindergartenplatz in zumutbarer Entfernung zur Verfügung steht.
(2) Die Verpflichtung nach Absatz 1 erstreckt sich auf ein **Angebot vor- und nachmittags.** Den Wünschen der Eltern nach Angeboten, die auch die Betreuung über Mittag mit Mittagessen einschließen, soll Rechnung getragen werden."

- § 3 Abs. 1 bis 4 Kinderförderungsgesetz **Sachsen-Anhalt** mit den am weitesten gehenden Regelungen:

„§ 3 Anspruch auf Kinderbetreuung

(1) **Jedes Kind** mit gewöhnlichem Aufenthalt im Land Sachsen-Anhalt hat **bis zur Versetzung in den 7. Schuljahrgang Anspruch auf einen ganztägigen Platz in einer Tageseinrichtung.**
(2) Von der Versetzung in den 7. Schuljahrgang bis zur Vollendung des **14. Lebensjahres** hat jedes Kind mit gewöhnlichem Aufenthalt im Land Sachsen-Anhalt **Anspruch** auf Förderung und Betreuung in einer Tageseinrichtung, **soweit Plätze vorhanden** sind.
(3) Ein ganztägiger Platz umfasst für Kinder bis zum Eintritt in die Schule ein Förderungs- und Betreuungsangebot **bis zu acht Stunden je Betreuungstag oder bis zu 40 Wochenstunden.** Für Schulkinder umfasst ein ganztägiger Platz ein Förderungs- und Betreuungsangebot von sechs Stunden je Schultag; während der Schulferien gilt Satz 1 entsprechend.
(4) Jedes Kind mit gewöhnlichem Aufenthalt im Land Sachsen-Anhalt hat bis zum Eintritt in die Schule **Anspruch** auf einen **erweiterten ganztägigen Platz** in einer Tageseinrichtung, sofern die Eltern aufgrund der familiären Situation oder wegen anderer Gründe, die eine erweiterte ganztägige Betreuung erfordern, diesen Bedarf anmelden. Unter diesen Voraussetzungen hat jedes Schulkind bis zur Versetzung in den 7. Schuljahrgang während der Schulferien auch einen solchen Anspruch. Ein erweiterter ganztägiger Platz umfasst ein Förderungs- und

Betreuungsangebot bis zu zehn Stunden je Betreuungstag oder bis zu 50 Wochenstunden. …“

- § 2 Abs. 1 und 2 **Thüringer** Kindergartengesetz:

  „§ 2 Anspruch auf Kindertagesbetreuung

  (1) Jedes Kind mit gewöhnlichem Aufenthalt in Thüringen hat vom **vollendeten ersten Lebensjahr bis zum Schuleintritt einen Rechtsanspruch auf ganztägige Förderung** in einer Kindertageseinrichtung. Der Anspruch umfasst im Rahmen der Öffnungszeiten der Kindertageseinrichtung montags bis freitags eine tägliche Betreuungszeit von **zehn Stunden.** Zur Realisierung der besseren Vereinbarkeit von Familie und Beruf können längere Betreuungszeiten bis zu zwölf Stunden vereinbart werden; ein Rechtsanspruch hierauf besteht nicht.
  (2) **Schüler der Klassenstufen 1 bis 4** haben einen **Rechtsanspruch** auf Förderung in einer Kindertageseinrichtung von montags bis freitags mit einer täglichen Betreuungszeit von **zehn Stunden unter Anrechnung der Unterrichtszeit.** Dieser Anspruch gilt mit der Möglichkeit des Besuchs eines Schulhorts an einer Grundschule oder einer Gemeinschaftsschule nach § 10 Abs. 3 ThürSchulG oder dem Besuch einer anderen Ganztagsschule als erfüllt.“

In die **Mehrzahl der Landesgesetze** sind im Übrigen in den letzten Jahren Vorschriften – zumeist betreffend erhöhte Landesförderungen – aufgenommen worden mit dem Ziel, dass auf die **Erhebung von Elternbeiträgen** ganz oder teilweise **verzichtet** wird.

### 8.3.2 Landesrechtliche Regelungen über Struktur und Organisation von Tageseinrichtungen für Kinder

Zentrale Elemente der Förderung von Kindern in Tageseinrichtungen und in Kindertagespflege werden ebenfalls durch Landesgesetze im Einzelnen geregelt. Dort ist in den letzten Jahren unter anderem der **Bildungsaspekt** in den Kindertagesstätten stärker gewichtet und der Auftrag der örtlichen Träger der öffentlichen Jugendhilfe zur Sicherstellung und Weiterentwicklung der **Qualität** der Förderung in den Einrichtungen und der Vereinbarkeit von Erwerbstätigkeit und Kindererziehung näher konkretisiert worden.

**Weitere** wichtige **Regelungsgegenstände** der zum Teil recht unterschiedlichen Landesausführungsgesetze sind darüber hinaus:

- Präzisierung des Förderungsauftrags
- Definition der Angebotsformen (Krippe, Kindergarten, Hort, altersgemischte Gruppe, integrative Einrichtungen, Kinderhäuser, Modelleinrichtungen)
- Räumliche Anforderungen, auch betreffend Außengelände, Ausstattung usw.
- Gruppengrößen und Personalstärken
- Anforderungen an das Personal
- Mindestöffnungszeiten
- Eltern- und Kindermitwirkung
- Fortbildung, Fachberatung, Weiterbildung
- Gesundheitsfürsorge
- Planung, Einrichtung, Trägerschaft
- Betrieb und Unterhaltung der Einrichtungen
- Erhebung von Elternbeiträgen, die allerdings in vielen Ländern aufgrund verstärkter Landesförderung gar nicht mehr oder nur noch in geringem Umfang erhoben werden.

### 8.3.3 Landesrechtliche Regelungen über die Finanzierung von Tageseinrichtungen für Kinder

In § 74a Satz 1 SGB VIII heißt es seit dem 01.01.2005 aufgrund des Tagesbetreuungsausbaugesetzes (TAG): „Die Finanzierung von Tageseinrichtungen regelt das Landesrecht."

Für die Finanzierung von Tageseinrichtungen für Kinder gab es schon in den Jahren zuvor in den Ländern **höchst unterschiedliche Regelungen.** Die Finanzierungssysteme basierten zunächst weitgehend auf dem früheren JWG und wurden wegen der Verlagerung der Verantwortung auf die örtlichen Träger der öffentlichen Jugendhilfe seit 1990/1991 mehr oder weniger umfassend geändert. Auch heute unterscheiden sich die Finanzierungsregelungen von Bundesland zu Bundesland. Teilweise werden die Regelungen über die „klassische" **Subventionsfinanzierung** nach § 74 SGB VIII unmittelbar oder mittelbar für anwendbar erklärt, teilweise (bislang jedoch nur in Mecklenburg-Vorpommern und in Sachsen-Anhalt; ähnlich auch in Hamburg) gelten die Vorschriften des **Vereinbarungsrechts** nach den §§ 78a ff. SGB VIII. In der Praxis existieren auch **Mischsysteme.**

Dabei ist vom Grundsatz her eine Objektförderung von einer Subjektförderung zu unterscheiden. Bei der **Objektförderung,** die nach wie vor in der Praxis eindeutig überwiegt, erhält der Träger der Einrichtung von Land und Kommunen Förderung in der Regel in Form von Zuwendungen (Subventionen). **Subjektförderungen** bestehen in unterschiedlicher Form und mit unterschiedlichen Übergängen, etwa in Form von **Gutscheinsystemen.** Die Eltern erhalten bei solchen Fördersystemen entsprechend der festgesetzten Bedarfskriterien einen Gutschein, den sie bei Einrichtungen ihrer Wahl einlösen können (Näheres: Deutscher Bundestag 2013, 270 f.).

### Literaturhinweise

**DEUTSCHER BUNDESTAG** 2013: 14. Kinder- und Jugendbericht. Berlin.

**GERSTEIN** in GK-SGB VIII: Kommentierung zu § 24. Stand 2020. Köln/Neuwied.

**MÜNDER,** Johannes et al. 8 2019: Frankfurter Kommentar zum SGB VIII: Kinder- und Jugendhilfe. Baden-Baden.

**STATISTISCHES BUNDESAMT** 2020a: Statistiken der Kinder- und Jugendhilfe. Einnahmen und Ausgaben der Kinder- und Jugendhilfe. Wiesbaden.

**STATISTISCHES BUNDESAMT** 2020b: Statistiken der Kinder- und Jugendhilfe. Kinder und tätige Personen in Tageseinrichtungen und öffentlich geförderter Kindertagespflege. Wiesbaden.

**WABNITZ,** Reinhard Joachim 2015b: 25 Jahre SGB VIII. Die Geschichte des Achten Buches Sozialgesetzbuch von 1990 bis 2015. Berlin.

**WABNITZ,** Reinhard Joachim 3 2018: Hessisches Kinder- und Jugendhilfegesetzbuch (HKJGB). Kommentar. Wiesbaden.

# 9. Weitere Leistungen der Kinder- und Jugendhilfe

## 9.1 Kinder- und Jugendarbeit, Schulsozialarbeit

### 9.1.1 Leistungen und Strukturprinzipien der Kinder- und Jugendarbeit

§ 11 (Jugendarbeit) – als wichtigste Norm des SGB VIII für die außerschulische Jugendbildung – hat derzeit (und im Wesentlichen seit 1990/1991) den folgenden Wortlaut:

> „(1) Jungen Menschen sind die zur Förderung ihrer Entwicklung erforderlichen **Angebote der Jugendarbeit** zur Verfügung zu stellen. Sie sollen an den Interessen junger Menschen anknüpfen und von ihnen mitbestimmt und mitgestaltet werden, sie zur Selbstbestimmung befähigen und zu gesellschaftlicher Mitverantwortung und zu sozialem Engagement anregen und hinführen.
> (2) Jugendarbeit **wird angeboten von** Verbänden, Gruppen und Initiativen der Jugend, von anderen Trägern der Jugendarbeit und den Trägern der öffentlichen Jugendhilfe. Sie umfasst für Mitglieder bestimmte Angebote, die offene Jugendarbeit und gemeinwesenorientierte Angebote.
> (3) Zu den **Schwerpunkten** der Jugendarbeit gehören:
> 1. außerschulische Jugendbildung mit allgemeiner, politischer, sozialer, gesundheitlicher, kultureller, naturkundlicher und technischer Bildung,
> 2. Jugendarbeit in Sport, Spiel und Geselligkeit,
> 3. arbeitswelt-, schul- und familienbezogene Jugendarbeit,
> 4. internationale Jugendarbeit,
> 5. Kinder- und Jugenderholung,
> 6. Jugendberatung.
>
> (4) Angebote der Jugendarbeit können auch Personen, die das 27. Lebensjahr vollendet haben, in angemessenem Umfang einbeziehen.
> (Hinweis: Aufgrund des Kinder- und Jugendstärkungsgesetzes/KJSG – sollte es denn so in Kraft treten; siehe dazu Kapi-

> tel 6.1.3 – soll am Ende von § 11 Abs. 1 SGB VIII noch folgender Satz angefügt werden: Dabei sollen die Zugänglichkeit und Nutzbarkeit der Angebote für junge Menschen mit Behinderungen sichergestellt werden.)“

Angebote der Jugendarbeit (früher: Jugendpflege) als **freiwillige Bildungs- und Freizeitangebote** am Nachmittag, an den Wochenenden und in den Schulferien richten sich nicht nur an Jugendliche ab 14 Jahren, sondern auch an junge Volljährige und an (ältere) Kinder, sodass zu Recht zunehmend von **Kinder- und Jugendarbeit** gesprochen wird. Ziel der Angebote nach § 11 Abs. 1 Satz 1 SGB VIII ist die **Förderung der Entwicklung junger Menschen** – gleichsam als Konkretisierung von § 1 Abs. 1 SGB VIII – zu eigenverantwortlichen und gemeinschaftsfähigen Persönlichkeiten, wenn sie sich typischerweise vor, während oder nach der Phase der Ablösung vom Elternhaus befinden und mit Gleichaltrigen zusammen sein möchten. Mit Blick auf den zunehmend flächendeckend angelegten Ausbau der Ganztagsschulen stellen sich vielfältige zusätzliche Herausforderungen für die Kinder- und Jugendarbeit, nicht zuletzt im Bereich der Zusammenarbeit mit den Schulen. In § 11 Abs. 1 Satz 2 SGB VIII werden in allgemeiner Form mehrere grundlegende Rechts- und Strukturprinzipien der Jugendarbeit statuiert (Freiwilligkeit, Interessen junger Menschen, Mitbestimmung und Partizipation, Selbstbestimmung usw.).

Gemäß § 11 Abs. 1 Satz 1 **sind** jungen Menschen Angebote der Jugendarbeit **zur Verfügung zu stellen**. Adressat dieser Leistungsverpflichtung sind nach § 3 Abs. 2 Satz 2 SGB VIII allein die Träger der öffentlichen, nicht der freien Jugendhilfe. Die Gesetzesbestimmung des § 11 Abs. 1 Satz 1 SGB VIII enthält eine **objektiv-rechtliche Leistungsverpflichtung** der Träger der öffentlichen Jugendhilfe. Allerdings korrespondiert damit **kein (einklagbarer) subjektiver Rechtsanspruch** – weder explizit noch über eine Interpretation der Norm, weil der Begriff „Angebote der Jugendarbeit“ denkbar ungenau formuliert und der Adressatenkreis der Norm („junge Menschen“) ebenfalls nicht präzise bestimmt ist (Wabnitz 2020a, Kapitel 5.1.1).

**Beispiel:** Eine Jugendliche möchte gerne an einer 14-tägigen Sommerferien-Freizeitmaßnahme des Jugendamts teilnehmen; anders als in den Vorjahren wird jedoch in diesem Jahr keine solche Maßnahme angeboten. Die Jugendliche hat darauf auch leider keinen Anspruch, denn weder ist in § 11 Abs. 1 Satz 1 SGB VIII von einer einzelnen Jugendlichen oder „jeder Jugendlichen“ die Rede, noch ist im Gesetz klar zum Ausdruck gebracht worden, welche Freizeitmaßnahmen konkret anzubieten sind.

### 9.1.2 Anbieter und inhaltliche Schwerpunkte von Kinder- und Jugendarbeit

**Anbieter** von Leistungen der (Kinder- und) Jugendarbeit sind die in § 11 Abs. 2 Satz 1 SGB VIII genannten vielfältigen Träger der freien und öffentlichen Jugendhilfe. **Adressaten** von (Kinder- und) Jugendarbeit sind gemäß § 11 Abs. 2 Satz 2 SGB VIII sowohl **Mitglieder** (insbesondere von Jugendverbänden, Sportvereinen etc.) als auch **Nichtmitglieder** (insbesondere in der offenen Jugendarbeit, z.B. in Bildungseinrichtungen, Häusern der offenen Tür, Jugendfreizeiteinrichtungen) sowie junge Menschen in Angeboten der **Gemeinwesenarbeit.**

Die **inhaltlichen Schwerpunkte** der (Kinder- und) Jugendarbeit sind beispielhaft in § 11 Abs. 3 SGB VIII umschrieben (dazu: Rauschenbach/Borrmann 2013). Besondere Bedeutung haben insbesondere die **außerschulische Jugendbildung** (Nr. 1) und die Jugendarbeit in **Sport, Spiel und Geselligkeit** (Nr. 2).

Der Gesetzgeber hat mit Blick auf deren herausragende Bedeutung den **Jugendverbänden** und Jugendgruppen als den wichtigsten Trägern der Jugendarbeit mit § 12 SGB VIII eine separate Gesetzesbestimmung gewidmet. Wesentliche Prinzipien der inneren Struktur und Organisation von Jugendverbänden und Jugendgruppen nach § 12 Abs. 2 Satz 1 SGB VIII sind **Selbstorganisation, gemeinschaftliche und demokratische Gestaltung und Mitverantwortung.** Ihre Arbeit ist, im Gegensatz zu Initiativen der Jugend (vgl. § 11 Abs. 2 Satz 1 SGB VIII), auf Dauer angelegt, traditionell primär auf die eigenen Mitglieder ausgerichtet, ggf. aber auch auf

Nichtmitglieder. Wichtig und auch praktisch bedeutsam ist das „Mandat“ von Jugendverbänden und deren Zusammenschlüssen zur **allgemeinen Vertretung von Anliegen** und Interessen junger Menschen gemäß § 12 Abs. 2 Satz 3. SGB VIII.

Die Vielfalt und Anzahl der Jugendverbände und Jugendgruppen lässt sich kaum überschauen und differiert von Ort zu Ort. Die mitgliederstärksten, bundesweit tätigen **Jugendverbände** sind: Deutsche Sportjugend im Deutschen Olympischen Sportbund, Arbeitsgemeinschaft der Evangelischen Jugend Deutschlands, Bund der Deutschen Katholischen Jugend, Gewerkschaftsjugend, Jugend des Bundes für Umwelt und Naturschutz Deutschland, Ring deutscher Pfadfinderverbände u.a.

### 9.1.3 Schulsozialarbeit

**Schulsozialarbeit** ist ein wichtiger Teil der Jugendsozialarbeit nach § 13 Abs. 1 SGB VIII (zum Ganzen: Speck 2020). Besonders in Großstädten mit besonderen sozialen Problemen sind die Schulen, insbesondere Haupt- und Berufsschulen sowie Schulen mit hohen Anteilen an jugendlichen Migrantinnen und Migranten, zunehmend überfordert, neben der Wissensvermittlung Hilfen zur Persönlichkeitsentwicklung zu geben und Aufgaben der sozialen Integration junger Menschen zu erfüllen. Zumeist freie Träger der Jugendsozialarbeit als Teil der Kinder- und Jugendhilfe unterbreiten deshalb in enger Kooperation mit den Schulen Angebote der Einzel- und Gruppenberatung, Hausaufgabenbetreuung, der Freizeitgestaltung, Familienarbeit, der schulunterstützenden Sozialarbeit, Hilfen zur Persönlichkeitsentwicklung etc. Hinzu kommen ggf. die Abklärung zusätzlichen individuellen Förderbedarfes und die Weiterleitung an geeignete Fachdienste der Kinder- und Jugendhilfe.

Dem Auftrag der Kinder- und Jugendhilfe nach § 1 Abs. 1 und 3 SGB VIII ist auch die Schulsozialarbeit als „intensivste Form der Zusammenarbeit von Jugendhilfe und Schule“ verpflichtet. Sie wird vorwiegend in den Schulen tätig und ist eine der sozialpädagogischen Hilfen, die jungen Menschen, die sozial benachteiligt oder individuell beeinträchtigt sind, zum Ausgleich und damit zur Förderung ihrer schulischen Ausbildung und ihrer sozialen Integration angeboten werden sollen. Sie ist präventiv auszurichten und kann auch zu einem besseren Übergang Jugendlicher von der Schule in ein Ausbildungsverhältnis beitragen.

„Schulsozialarbeit" wird im Normtext des § 13 Abs. 1 SGB VIII nicht explizit, sondern nur insoweit erwähnt, als dass „sozialpädagogische Hilfen angeboten werden (sollen), die ihre **schulische ... Ausbildung ... fördern.**" Von daher liegt eine Präzisierung und Neuverortung der schulbezogenen Angebote in Form einer **eigenständigen Angebotsform** im SGB VIII nahe, etwa in einem neuen § 13a SGB VIII („Schulbezogene sozialpädagogische Hilfen und Angebote").

Die Geschichte der Schulsozialarbeit – erste Projekte entstanden zu Beginn der 1970er-Jahre im Rahmen der Bildungsreform – wurde in der Anfangszeit mitunter als die einer Polarisierung von Schule und Kinder- und Jugendhilfe beschrieben. Inzwischen werden Angebote der Schulsozialarbeit und Formen schulbezogener Jugendsozialarbeit von den meisten Lehrerkollegien und Schulträgern anerkannt, geschätzt und als notwendig für gelingende Schule eingeschätzt. Dabei ist bis heute ihre institutionelle **Verortung** uneinheitlich und **unterschiedlich**: (vorzugswürdig) zur Kinder- und Jugendhilfe, zur Schule bzw. Schulverwaltung oder zur Arbeits- und Sozialverwaltung.

## 9.2 Hilfe zur Erziehung

### 9.2.1 Hilfe zur Erziehung als „klassische Einzelfallhilfe" nach dem SGB VIII

Hilfe zur Erziehung nach den §§ 27 ff. SGB VIII stellt die „klassische" **Einzelfallhilfe** für Kinder und Jugendliche bei **individuellen Erziehungsdefiziten** dar – mit einem breiten, differenzierten Leistungsspektrum von der Erziehungsberatung bis zur vollstationären Heimunterbringung (zum Ganzen: Macsenaere et al. 2014; Wabnitz 2020a, Kapitel 7 bis 9). Die Hilfe zur Erziehung sowie die „verwandten" Leistungsangebote der **Eingliederungshilfe für seelisch behinderte Kinder und Jugendliche** gemäß § 35a SGB VIII sowie der

**Hilfe für junge Volljährige** gemäß § 41 SGB VIII werden im SGB VIII im Vergleich zu den „Infrastrukturleistungen“ nach den §§ 11 bis 26 SGB VIII bundesrechtlich wesentlich detaillierter geregelt.

In den §§ 27 bis 41 VIII hat der Gesetzgeber gleichwohl vielfach sog. **unbestimmte Rechtsbegriffe** verwendet („dem Wohl des Kindes entsprechende Erziehung“, „geeignete Hilfe“, „notwendige Hilfe“, „aufgrund der individuellen Situation notwendig“ etc.). Dies ist erforderlich, weil sich nicht jede Situation vorab konkret abschätzen und gesetzlich regeln lässt und weil jedes Kind oder jede(r) Jugendliche(r) in einer spezifischen Situation lebt, der es im **individuellen** Einzelfall gerecht zu werden gilt. Von daher beinhalten die §§ 27 ff. SGB VIII nur zu einem Teil „harte“ juristische Elemente, und die genannten Vorschriften sind deshalb bei der konkreten Auslegung und Anwendung maßgeblich auf außer-juristischen Sachverstand, insbesondere aus den Bereichen Kindheits- und Sozialpädagogik sowie Sozialwissenschaften, hin angelegt.

Genau darin besteht die **Herausforderung und Chance** für die Kindheitspädagogik wie für die Soziale Arbeit, nämlich bei der Normanwendung sozialarbeiterisches und pädagogisch-psychologisches Fach- und Handlungswissen prognostisch einzubringen, um somit eine im individuellen Einzelfall überzeugende fachliche Entscheidung für das Kind oder die/den Jugendliche(n) zu treffen.

**Beispiel:** Kann in einer schwierigen familiären Situation (noch) eine sozialpädagogische Familienhilfe (§ 31 SGB VIII) in Betracht gezogen werden oder muss das Kind in eine Pflegefamilie (§ 33 SGB VIII) oder gar in ein Heim (§ 34 SGB VIII) gegeben werden? Dabei müssen neben den materiell-rechtlichen Vorschriften der §§ 27 ff. SGB VIII auch einige Verfahrensvorschriften (§§ 36 ff. SGB VIII) eingehalten werden, die stärker rechtlich determiniert sind. Diese betreffen u.a. die Mitwirkung und die Hilfeplanung bei Hilfe zur Erziehung sowie die Steuerungsverantwortung der Träger der öffentlichen Jugendhilfe.

### 9.2.2 Die Grundnorm der Hilfe zur Erziehung

§ 27 Abs. 1 und 2 SGB VIII als Grundnorm für alle Arten der Hilfe zur Erziehung haben folgenden Wortlaut:

> „(1) Ein Personensorgeberechtigter hat bei der Erziehung eines Kindes oder eines Jugendlichen **Anspruch** auf Hilfe (Hilfe zur Erziehung), wenn eine dem Wohl des Kindes oder des Jugendlichen entsprechende **Erziehung nicht gewährleistet** ist und die Hilfe für seine Entwicklung **geeignet** und **notwendig** ist.
> (2) Hilfe zur Erziehung wird **insbesondere nach Maßgabe der §§ 28 bis 35** gewährt. Art und Umfang der Hilfe richten sich nach dem erzieherischen Bedarf im Einzelfall; dabei soll das engere soziale Umfeld des Kindes oder des Jugendlichen einbezogen werden. Die Hilfe ist in der Regel im Inland zu erbringen; sie darf nur dann im Ausland erbracht werden, wenn dies nach Maßgabe der Hilfeplanung zur Erreichung des Hilfezieles im Einzelfall erforderlich ist."

(Hinweis: Aufgrund der Entwürfe für ein Kinder- und Jugendstärkungsgesetze/KJSG – sollte dieses denn so in Kraft treten; siehe dazu Kapitel 6.1.3 – kann mit Änderungen in § 27 Abs. 2 SGB VIII gerechnet werden, die aber den Kern der hier getroffenen Aussagen voraussichtlich nicht tangieren würden.)

§ 27 Abs. 1 hat zwei Tatbestandsvoraussetzungen (Wabnitz 2020a, Kapitel 7.1.1):

- **Erstens** muss ein **„Erziehungsdefizit"** eines einzelnen Kindes oder Jugendlichen in dem Sinne vorliegen, dass „eine seinem Wohl entsprechende Erziehung nicht gewährleistet ist". Diese Situation muss entweder bereits **eingetreten** sein oder zumindest konkret **drohen**. Maßstab dafür ist zunächst die für das gesamte SGB VIII maßgebliche Generalbestimmung des § 1 Abs. 1 SGB VIII: Ein Erziehungsdefizit im Sinne von § 27 Abs. 1 SGB VIII droht oder ist eingetreten, wenn die Entwicklung eines Kindes oder Jugendlichen zu einer eigenverantwortlichen und gemeinschaftsfähigen Persönlichkeit gefährdet ist.

Eine entsprechende **Mangellage** wird insbesondere dann anzunehmen sein, wenn zentrale Bedürfnisse des Kindes oder Jugendlichen nicht erfüllt werden (können).
**Beispiele:** bei Mangel an Liebe, Präsenz, Zuwendung, Akzeptanz, Schutz und Fürsorge, Ernährung, Kleidung, Wohnung, Körper- und Gesundheitspflege, Erziehung und Bildung usw.

- **Zweitens** muss es so sein, dass die **im Einzelfall** insbesondere nach den §§ 28 bis 35 SGB VIII auszuwählende **Hilfeart** für die Entwicklung des Kindes **„geeignet"** und **„notwendig"** ist. **„Geeignet"** ist diejenige Hilfeart, die von ihrer Struktur her in der Lage ist, das Erziehungsdefizit abzuwenden bzw. zu beseitigen. **„Notwendig"** ist diejenige Hilfeart, die unter Berücksichtigung des Grundsatzes der Verhältnismäßigkeit im konkreten Einzelfall auch erforderlich ist. Eine Hilfe ist **beispielsweise** dann nicht erforderlich, wenn es im sozialen Umfeld des Kindes oder Jugendlichen genügend Ressourcen gibt (Großeltern, Freunde, Bekanntenkreis, Schule, Nachbarschaft usw.), um das Defizit auch ohne öffentliche Hilfe zur Erziehung zu beseitigen. Im Sinne des Grundsatzes der Verhältnismäßigkeit und mit Blick auf das verfassungsrechtlich geschützte Elternrecht nach Art. 6 Abs. 2 Satz 1 GG (siehe oben Kapitel 2.1.1) ist eine bestimmte Hilfe auch dann nicht notwendig, wenn im Einzelfall eine weniger einschneidende Hilfeart ausreichend wäre.
  **Beispiel:** Mit der ambulanten Hilfeart der sozialpädagogischen Familienhilfe nach § 31 SGB VIII kann anstelle von Heimerziehung nach § 34 SGB VIII das Erziehungsdefizit ggf. ebenso beseitigt werden.

Liegen die Tatbestandsvoraussetzungen des § 27 Abs. 1 SGB VIII vor, tritt die **Rechtsfolge** von § 27 Abs. 1 SGB VIII ein: Die/der **Personensorgeberechtigte**(n) hat/haben einen expliziten und einklagbaren subjektiven **Rechtsanspruch** auf Hilfe zur Erziehung (Näheres bei Wabnitz 2020a, Kapitel 7.1.2). Wer **„Personensorgeberechtigte(r)"** ist/sind, ist in den §§ 1626 ff. BGB (siehe Kapitel 4.1) sowie in § 7 Abs. 1 Nr. 5 SGB VIII geregelt.

### 9.2.3 Die Arten der Hilfe zur Erziehung

Hilfe zur Erziehung wird in der Regel im **Inland** (vgl. § 27 Abs. 2 Satz 3 SGB VIII; künftig eventuell § 38 SGB VIII) und **„insbesondere" nach Maßgabe der §§ 28 bis 35 SGB VIII** (§ 27 Abs. 2 Satz 1 SGB VIII) gewährt. Die Einzelheiten der jeweils geeigneten und notwendigen Hilfeart richten sich dabei nach den Detailregelungen insbesondere der §§ 28 bis 35 SGB VIII. Der Katalog der §§ 28 bis 35 SGB VIII (von Erziehungsberatung über mehrere ambulante Hilfearten nach den §§ 28 bis 32 bis hin zu den Hilfen zur Erziehung außerhalb der eigenen Familie nach den §§ 33 bis 35 SGB VIII: Vollzeitpflege, Heimerziehung und intensive sozialpädagogische Einzelbetreuung) ist allerdings **nicht abschließend** formuliert. Über das Wort **„insbesondere"** in § 27 Abs. 2 Satz 1 SGB VIII ist es rechtlich möglich und praktisch häufig üblich, ggf. auch nicht ausdrücklich gesetzlich ausgeformte Hilfearten (in Anlehnung an diese) zu gewähren.

**Beispiel:** Statt der zumeist langfristig angelegten „klassischen" Erziehungsbeistandschaft (§ 30 SGB VIII) „passt" in einem weniger gravierenden Einzelfall mitunter besser die flexiblere und „leichtere", von der Praxis entwickelte sog. „ambulante erzieherische Betreuung" – als **„unbenannte"**, weil im SGB VIII nicht ausdrücklich geregelte **Hilfeart**.

Die einzelnen Hilfearten setzen aber **immer** auch voraus, dass die Tatbestandsvoraussetzungen des § 27 Abs. 1 SGB VIII in jedem Fall erfüllt sind. Es heißt also immer:

**„§ 27 Abs. 1 SGB VIII plus § X SGB VIII".**

**Beispiel:** Es besteht ein individueller Rechtsanspruch der/des Personensorgeberechtigten auf Gewährung von Hilfe zur Erziehung in Form einer Erziehungsbeistandschaft nach § 27 Abs. 1 i.V.m. § 30 SGB VIII oder auf Heimerziehung nach § 27 Abs. 1 i.V.m. § 34 SGB VIII.

Die **Auswahl** der konkreten Hilfe durch das Jugendamt richtet sich gemäß § 27 Abs. 2 Satz 2 SGB VIII nach dem **erzieherischen**

**Bedarf im Einzelfall** (Einzelfallorientierung) unter **Einbeziehung des sozialen Umfeldes** (Lebenswelt- und Sozialraumorientierung) sowie nach Maßgabe der **Verfahrensvorschriften** der §§ 36 ff. SGB VIII.

**Beispiele:** Relevante Aspekte sind dabei vor allem der konkrete erzieherische Bedarf des Kindes oder Jugendlichen, die „Ressourcen" der Personensorgeberechtigten oder anderer Bezugspersonen hinsichtlich einer Beseitigung des Erziehungsdefizits sowie positive oder negative Einflüsse des sonstigen sozialen Umfeldes.

Bei den im Einzelfall in Betracht kommenden Hilfearten nach den §§ 28 ff. SGB VIII kann man diese **„der Reihenfolge nach"** prüfen oder – zweckmäßigerweise – zunächst eine **„Vorprüfung"** dahingehend vornehmen, ob das Kind oder der/die Jugendliche in der eigenen Familie verbleiben kann, sodass nur Maßnahmen nach §§ 28 bis 32 SGB VIII in Betracht kommen, oder ob dies nicht der Fall ist, sodass ein **„Milieuwechsel"** erforderlich wird. Im letztgenannten Fall kommen gezielt Maßnahmen nach §§ 33 bis 35 SGB VIII in Betracht, evtl. auch kombiniert mit Maßnahmen nach §§ 28 ff. SGB VIII.

**Beispiele:** a) Der 10-jährige Junge J. ist nach dem plötzlichen Tod seiner Mutter sehr traurig und hat sich zunehmend zurückgezogen. Er sieht blass und krank aus und ist auch in der Schule viel weniger konzentriert als zuvor. Der Vater kümmert sich zwar sehr um ihn, spürt dabei aber häufig seine Grenzen. Hier wird keinesfalls eine Herausnahme des Jungen aus der häuslichen Umgebung in Betracht zu ziehen sein, sodass die §§ 33 ff. SGB VIII gar nicht zu prüfen sind. In Betracht kommt ggf. eine begleitende ambulante Hilfe und Unterstützung.

b) Der auf der Straße lebende, 16-jährige drogenabhängige M., der aus einem Heim ausgerissen ist, ist, wenn überhaupt, nur noch schwer für öffentliche Hilfemaßnahmen zugänglich. Hier kommt ggf. nur noch eine Hilfe nach den §§ 34 oder 35 SGB VIII (Unterbringung in einem „weiteren" Heim oder intensive sozialpädagogische Einzelbetreuung) in Betracht.

Von ihrem Inhalt her stellen die Hilfen zur Erziehung gemäß § 27 Abs. 3 SGB VIII **sozialpädagogische** und **therapeutische** Leistungen dar, ggf. verbunden mit **Ausbildungs- und Beschäftigungsmaßnahmen** der Jugendsozialarbeit nach § 13 Abs. 2 SGB VIII.

## 9.3 Eingliederungshilfe für behinderte Kinder und Jugendliche

### 9.3.1 Seelisch behinderte Kinder und Jugendliche

Bestandteil des Leistungskatalogs des SGB VIII ist gemäß § 35a SGB VIII auch die Eingliederungshilfe (nur) für **seelisch** behinderte Kinder und Jugendliche (siehe Macsenaere et al. 2014, 187–193). Leistungen der Eingliederungshilfe für **körperlich und/oder geistig** behinderte Kinder werden nach (bisher) geltendem Recht gemäß § 10 Abs. 4 Satz 2 SGB VIII nach den Vorschriften des Neunten Buches (SGB IX – Rehabilitation und Teilhabe von Menschen mit Behinderungen) erbracht. Die Eingliederungshilfe für seelisch behinderte Kinder und Jugendliche weist Parallelen zur Hilfe zur Erziehung auf (vgl. §§ 35a Abs. 2, 36 ff. SGB VIII sowie von Boetticher 2019).

Gemäß § 35a Abs. 1 Satz 1 SGB VIII müssen die folgenden Tatbestandsvoraussetzungen erfüllt sein:

- **Die seelische Gesundheit weicht** mit hoher Wahrscheinlichkeit länger als sechs Monate von dem für das Lebensalter **typischen Zustand ab** (Nr. 1).
- Daher ist die **Teilhabe** am Leben in der Gesellschaft **beeinträchtigt** oder es ist eine solche Beeinträchtigung zu erwarten (Nr. 2).

Sind diese Tatbestandsvoraussetzungen erfüllt, tritt die Rechtsfolge nach § 35a Abs. 1 SGB VIII ein: **Anspruch des Kindes oder Jugendlichen selbst** (anders also als bei Hilfe zur Erziehung nach § 27 Abs. 1 SGB VIII; siehe soeben Kapitel 9.2.2) auf eine Leistung nach dem Bedarf im Einzelfall. Wann jedoch ein Kind oder Jugendlicher nicht mehr seelisch „gesund“, sondern seelisch krank oder behindert in diesem Sinne ist, wird in der Praxis aus medizinischer oder psychotherapeutischer Sicht beurteilt, insbesondere anhand von Krankheitsbegriffen der Psychiatrie, aber auch anhand von § 3 der Eingliederungshilfeverordnung zu § 60 SGB XII (Sozialhilfe).

**„Seelische Störungen“** sind danach: körperlich nicht begründbare Psychosen (§ 60 SGB XII Nr. 1), bestimmte seelische Störungen (Nr. 2), Suchtkrankheiten (Nr. 3), Neurosen und Persönlichkeitsstörungen (Nr. 4). Mit Blick gerade auf Kinder und Jugendliche sind insbesondere auch folgende Diagnosen relevant: frühe Bindungsstörungen, Hospitalismus, Angst- oder Zwangsneurosen, Hysterien, Borderliner-Persönlichkeitsstörungen und hyperkinetische Störungen (zum Katalog seelischer Störungen von Kindern und Jugendlichen eingehend: Fegert in Wiesner 2015, § 35a, Teil IV. Rz. 45 ff.). Legasthenien (Lese- und Rechtschreibschwächen) oder Dyskalkulien (Rechenschwächen) sind Lernschwächen, deren Beseitigung vorrangig Aufgabe der Schule ist (vgl. § 10 Abs. 1 Satz 1 SGB VIII). Leistungen nach § 35a SGB VIII sind insoweit nachrangig (BVerwG, FEVS 33, 457 = NDV-Rechtsprechungsdienst 1999, 1971; Hessischer VGH, Jugendhilfe 2001, 212; VGH Baden-Württemberg, Jugendhilfe 2001, 214), sind jedoch zu gewähren, wenn die Schulen keine geeigneten Angebote offerieren.

### 9.3.2 Leistungen für seelisch behinderte Kinder und Jugendliche

Leistungen der Eingliederungshilfe für seelisch behinderte Kinder und Jugendliche werden je nach Bedarf im Einzelfall gemäß § 35a Abs. 2 SGB VIII (ganz ähnlich wie Hilfen zur Erziehung) in

- ambulanter,
- teilstationärer oder
- stationärer Form geleistet,
- ggf. auch in geeigneten Kindertagesstätten.

Einzelheiten der Leistungserbringung richten sich gemäß § 35a Abs. 3 SGB VIII nach dem SGB IX/Rehabilitation und Teilhabe von Menschen mit Behinderungen. Gegebenenfalls sind Hilfen nach § 35a SGB VIII und nach §§ 27 ff. VIII gemäß § 35a Abs. 4 Satz 1 VIII in denselben Einrichtungen zu leisten.

Gemäß § 35a Abs. 1a SGB VIII sind zwecks Feststellung der Abweichung der seelischen Gesundheit nach Abs. 1 Satz 1 Nr. 1 fachärztliche bzw. psychotherapeutische Stellungnahmen einzuholen. Die Personen, die solche Stellungnahmen abgegeben haben, sollen nach § 36 Abs. 3 VIII auch im Hilfeplanverfahren beteiligt werden. Außerdem gelten §§ 13 ff. SGB IX.

### 9.3.3 Leistungen für geistig und körperlich behinderte Kinder und Jugendliche

Zuständig für Leistungen für geistig und körperlich behinderte junge Menschen war bis Ende 2019 die Sozialhilfe nach dem SGB XII und ist seit dem Jahr 2020 die Eingliederungshilfe nach dem SGB IX – Rehabilitation und Teilhabe von Menschen mit Behinderungen. Es ist völlig unbefriedigend, dass trotz zahlreicher (bislang gescheiterter) Reformanstrengungen nach wie vor lediglich die Leistungen der Eingliederungshilfe für seelisch behinderte Kinder und Jugendliche, nicht jedoch auch die für geistig und körperlich behinderte oder von einer solchen Behinderung bedrohten Kinder und Jugendlichen im SGB VIII – als ebenfalls „junge Menschen im Sinne von § 1 Abs. 1 SGB VIII – verankert sind. Diese Spaltung der Zuständigkeiten ist von der Sache her nicht zu rechtfertigen und führt zu zahlreichen Abgrenzungsproblemen und Ungerechtigkeiten, auch was Kostenfragen anbelangt.

Aufgrund des Kinder- und Jugendstärkungsgesetzes (KJSG) – sollte es so in Kraft treten; siehe dazu Kapitel 6.1.3 – soll es in einem Zeitraum bis 2028 mit mehreren Zwischenschritten (endlich!) zu einer wenn auch kostenintensiven Verlagerung der Zuständigkeit für die körperlich und geistig behinderten jungen Menschen in die Kinder- und Jugendhilfe nach dem SGB VIII kommen – abhängig allerdings von der Zustimmung der Länder und vom rechtzeitigen Inkrafttreten eines weiteren Bundesgesetzes.

### Literaturhinweise

**BOETTICHER,** Arne von, 2 2019: Das neue Teilhaberecht. Baden-Baden.

**FEGERT,** Jörg M. in Wiesner, 5 2015: SGB VIII Kinder- und Jugendhilfe. Kommentar, § 35a, Teil IV. Rz. 45 ff. München.

**MACSENAERE,** Michael, et al. 2014: Handbuch der Hilfen zur Erziehung. Freiburg i. Br.

**RAUSCHENBACH,** Thomas/Borrmann, Stefan 2013: Arbeitsfelder der Kinder- und Jugendarbeit. Weinheim.

**SPECK,** Karsten, 4 2020: Schulsozialarbeit. Eine Einführung. München.

**WABNITZ,** Reinhard Joachim 3 2018: Hessisches Kinder- und Jugendhilfegesetzbuch (HKJGB). Kommentar. Wiesbaden.

**WABNITZ,** Reinhard Joachim 6 2020a: Grundkurs Kinder- und Jugendhilferecht für die Soziale Arbeit. München.

# 10. Kinderschutz – Prävention und Intervention

## 10.1 Regelungen des SGB VIII

### 10.1.1 Schutzauftrag bei Kindeswohlgefährdung

Gemäß § 8a Abs. 1 SGB VIII wird das Jugendamt bereits zu einer „Vorfeldarbeit" ermächtigt und verpflichtet, auch wenn noch nicht feststeht, dass eine Kindeswohlgefährdung besteht (Wabnitz 2020a, Kapitel 2.3.1). Das Jugendamt hat deshalb bei „gewichtigen" Anhaltspunkten für eine solche

- im Zusammenwirken mit mehreren Fachkräften das Gefährdungsrisiko einzuschätzen,
- die Personensorgeberechtigten sowie das Kind/den Jugendlichen einzubeziehen und ggf. einen Hausbesuch durchzuführen sowie
- ggf. geeignete Hilfen anzubieten.

Dies entspricht den in der Fachpraxis entwickelten Empfehlungen bei einschlägigen Verdachtssituationen (vgl. Nachweise bei Wabnitz 2020a, Kapitel 2.3.1). In diese „Vorfeldarbeit" sind ausdrücklich auch die Träger von Einrichtungen und Diensten der Kinder- und Jugendhilfe einzubeziehen: Gemäß § 8a Abs. 4 SGB VIII ist in **Vereinbarungen** mit diesen sicherzustellen, dass deren Fachkräfte den Schutzauftrag ebenfalls in entsprechender Weise wahrnehmen. **Mitverantwortlich** für die Wahrnehmung von Aufgaben des Kinderschutzes sind **auch die Institutionen der Kindheitspädagogik und Familienbildung,** etwas die Tageseinrichtungen für Kinder und Einrichtungen der Familienbildung, die Beratungsstellen etwa im Bereich der Schwangerschaftskonflikt-, Sucht- oder Schuldnerberatung, die Leistungserbringer der Behindertenhilfe sowie die Schulen (vgl. Münder et al. 2019, § 8b, Rz. 5), die ihrerseits einen Anspruch auf Beratung nach § 8b SGB VIII haben.

Hält das Jugendamt des Weiteren ein Tätigwerden des Familiengerichts – mit dem Ziel des (Teil-)Entzugs von elterlichen Sorgerechten und in der Regel der Einleitung von Hilfen zur Erziehung außerhalb der Herkunftsfamilie nach §§ 27, 33 ff. SGB

VIII – für erforderlich, so hat es das **Familiengericht** gemäß § 8a Abs. 2 Satz 1 SGB VIII **anzurufen**. Besteht darüber hinaus eine dringende Gefahr für das Kindeswohl und kann eine familiengerichtliche Entscheidung nicht abgewartet werden, so ist das Jugendamt gemäß § 8a Abs. 2 Satz 2 SGB VIII verpflichtet, das Kind oder den Jugendlichen **in Obhut zu nehmen**. Weitere Einzelheiten dazu sind in § 42 SGB VIII geregelt (dazu Kapitel 10.1.2). Das Jugendamt hat zur Abwendung der Gefahr gemäß § 8a Abs. 3 SGB VIII auch mit anderen Leistungsträgern, Einrichtungen der Gesundheitshilfe oder der Polizei zusammenzuarbeiten bzw. diese einzuschalten. § 8b SGB VIII beinhaltet explizite Ansprüche auf fachliche Beratung und Begleitung zum Schutz von Kindern und Jugendlichen.

**Gewichtige Anhaltspunkte für eine Kindeswohlgefährdung** im Sinne von § 8a Abs. 1 Satz 1 können z. B. sein (vgl. Münder et al. 2019, § 8a Rz. 12 ff.; Wiesner 2015, § 8a Rdnr. 13a ff.):

- körperliche und psychische Gewalt; ernst zu nehmende Äußerungen über Misshandlungen/Vernachlässigungen
- massive Verletzungen des Kindes; Unterernährung; Suchterkrankung; unzureichende Hygiene
- starke Verängstigung, Apathie; massive Schulverweigerung
- fehlende oder verweigerte Beziehungs- und Bindungsangebote
- übermäßige Einschränkung der Autonomie
- problematische familiäre Situation, extrem beengter Wohnraum, Vermüllung
- Obdachlosigkeit
- problematische persönliche Situation der Erziehungspersonen

Des Weiteren enthält das SGB VIII eine – leider sehr allgemein gehaltene und deshalb in der Praxis nicht sehr bedeutsame – Vorschrift mit § 14 SGB VIII über den **„Erzieherischen Kinder- und Jugendschutz“**, aufgrund dessen jungen Menschen und Erziehungsberechtigten Angebote des erzieherischen Kinder- und Jugendschutzes gemacht werden sollen. § 72a SGB VIII enthält Regelungen über den **Tätigkeitsausschluss** einschlägig (insbesondere wegen Verstoßes gegen Strafbestimmungen über die sexuelle Selbstbestimmung) vorbestrafter Personen im Bereich der öffentlichen und freien Jugendhilfe.

### 10.1.2 Inobhutnahme von Kindern und Jugendlichen

Inobhutnahme ist die **vorläufige** (!), nicht dauerhafte Unterbringung eines Kindes oder einer/eines Jugendlichen durch das Jugendamt zu deren/dessen Schutz bei einer geeigneten Person, in einer Bereitschaftspflegestelle, in einer Einrichtung oder in einer sonstigen betreuten Wohnform, einer Jugendschutzstelle u.a. (Wabnitz 2020a, Kapitel 10.2; zum Ganzen: Trenczek et al. 2017). Aufgrund von § 42 SGB VIII können bzw. müssen ggf. **auch gegen den Willen von jungen Menschen oder Personensorgeberechtigten** in Kompetenz des Jugendamts vorläufige **(Schutz-)Maßnahmen bei Gefahren für das Wohl** von Kindern und Jugendlichen ergriffen werden.

§ 42 SGB VIII betrifft **drei Gruppen** von Kindern und Jugendlichen. Gemäß § 42 Abs. 1 Satz 1 Nr. 1 SGB VIII ist das Jugendamt berechtigt und verpflichtet, ein Kind oder einen Jugendlichen in seine Obhut zu nehmen, wenn das Kind oder der Jugendliche um Obhut bittet (sog. **„Selbstmelder"**).

**Beispiel:** Ein Kind oder ein Jugendlicher ist von zu Hause weggelaufen, hat sich von einer Reisegruppe entfernt oder ist sonst „verloren gegangen".

Dieselbe Berechtigung und Verpflichtung obliegt dem Jugendamt im noch häufigeren Falle des sog. **„Fremdmelders"**, wenn gemäß § 42 Abs. 1 Satz 1 Nr. 2 SGB VIII eine **dringende Gefahr für das Wohl des Kindes oder des/der Jugendlichen** die Inobhutnahme erfordert.

**Beispiel:** Ein Kind oder Jugendlicher wird in einem jugendgefährdenden Milieu oder sonst in einer gefährlichen Situation vorgefunden oder aufgegriffen, besonders häufig nachts, an Wochenenden, auf der Straße etc.

Schließlich gehören gemäß § 42 Abs. 1 Satz 1 Nr. 3 SGB VIII zum Adressatenkreis von § 42 ausdrücklich auch **ausländische Kinder oder Jugendliche,** die **unbegleitet** nach Deutschland kommen, wenn sich weder Personensorge- noch Erziehungsberechtigte im Inland aufhalten (Näheres dazu ist in den §§ 42a ff. SGB VIII geregelt; siehe sogleich).

In § 42 Abs. 1 Satz 2, Absätze 2 bis 5 SGB VIII sind zahlreiche konkrete **Aufgaben des Jugendamts** für den Fall der Inobhutnahme normiert. Teilweise nimmt das Jugendamt **Sorgerechte** wahr, hat das Kind oder den Jugendlichen sodann an die **Personensorgeberechtigten** herauszugeben oder ggf. das **Familiengericht** anzurufen. Die Inobhutnahme **endet** gemäß § 42 Abs. 4 SGB VIII mit der Übergabe an die Personensorgeberechtigten und/oder der Entscheidung über die **Gewährung von Hilfen** nach dem Sozialgesetzbuch. **Freiheitsentziehende Maßnahmen** gegen den Willen des Kindes oder Jugendlichen sind gemäß § 42 Abs. 5 Satz 1 SGB VIII im Rahmen der Inobhutnahme nur zulässig, wenn und soweit diese erforderlich sind, um eine Gefahr für Leib oder Leben des Kindes oder des Jugendlichen oder eines Dritten abzuwenden. Die Freiheitsentziehung ist gemäß Satz 2 ohne Entscheidung des Familiengerichts spätestens nach Ablauf des Tages nach ihrem Beginn zu beenden.

**Beispiele:** Ein Jugendlicher wird am ersten Tag um 01:00 Uhr in Obhut genommen; dann muss er ohne gerichtliche Entscheidung spätestens am zweiten Tag bis Mitternacht (24:00 Uhr) entlassen werden. Auch bei Beginn der Maßnahme am ersten Tag um 23:00 Uhr gilt dasselbe. Ohne gerichtliche Entscheidung muss der Jugendliche also spätestens nach ca. 47 bzw. 25 Stunden wieder freigelassen werden.

Ggf. erwirkt das Jugendamt jedoch eine vorläufige Entscheidung des **Familiengerichts** zur **Verlängerung** der Inobhutnahme, bis das Gericht eine endgültige Entscheidung trifft. Dann handelt es sich nicht mehr um eine freiheitsentziehende Maßnahme „ohne gerichtliche Entscheidung" im Sinne von § 42 Abs. 5 Satz 2 SGB VIII.

**Unbegleitete ausländische Kinder und Jugendliche**, die ohne ihre Familien nach Deutschland – oft aus Kriegsregionen oder internationalen Krisengebieten – einreisen, stellen eine besonders schutzbedürftige Personengruppe dar. Ihre Zahl war in den letzten Jahren deutlich gestiegen, besonders im Jahr 2015. Vor diesem Hintergrund kam es mit Wirkung vom 01.11.2015 zur Einfügung der folgenden Vorschriften in das SGB VIII:

- § 42a SGB VIII: Vorläufige Inobhutnahme von ausländischen Kindern und Jugendlichen nach unbegleiteter Einreise
- § 42b SGB VIII: Verfahren zur Verteilung unbegleiteter ausländischer Kinder und Jugendlicher
- § 42c SGB VIII: Aufnahmequote
- § 42d SGB VIII: Übergangsregelung
- § 42e SGB VIII: Berichtspflicht
- § 42f SGB VIII: Behördliches Verfahren zur Altersfeststellung

Im Kern regelt das Bundesgesetz eine bundes- und landesweite Aufnahmepflicht. Unbegleitete ausländische Kinder und Jugendliche werden am Einreiseort bundesweit und sodann landesweit verteilt, es sei denn, es liegt ein gesetzlich geregelter Ausschlussgrund vor, der während der vorläufigen Inobhutnahme festzustellen ist. Zudem werden im SGB VIII Vorgaben zum Ablauf des Verteilungsverfahrens gemacht. Zu weiteren Inhalten der genannten Vorschriften und den vielfältigen Anwendungsproblemen vgl. die Kommentarliteratur zum SGB VIII, besonders ausführlich: Öndül in: GK-SGB VIII, Stand: 2020, Kommentierungen zu den §§ 42a ff SGB VIII.

### 10.1.3 Schutz von Kindern und Jugendlichen in Kindertagespflege, Vollzeitpflege und in Einrichtungen

Aus Gründen der **Qualitätssicherung** und des **präventiven Schutzes** von Kindern und Jugendlichen bestehen **Erlaubnispflichten** nach den §§ 43 bis 49 SGB VIII. Bei den drei Arten der jeweils durch Verwaltungsakte zu erteilenden Erlaubnisse nach den §§ 43, 44 bzw. 45 ff. SGB VIII bestehen unterschiedliche Zuständigkeiten, Voraussetzungen und Rechtsfolgen. Bei Verstößen gegen die §§ 43, 44, 45 ff. SGB VIII drohen **Bußgelder** sowie ggf. **Geld- oder Freiheitsstrafen** nach den §§ 104, 105 SGB VIII.

Die **Erlaubnis zur Kindertagespflege** (§ 43 SGB VIII) dient in erster Linie der **Qualitätssicherung** im Bereich der Kindertagespflege und zielt darauf ab, dass nur persönlich/sachlich kompetente und kooperative **Kindertagespflegepersonen** tätig werden (siehe dazu bereits Kapitel 8.2.2). Die **Erlaubnis zur Vollzeitpflege** (§ 44 SGB VIII) ist die „klassische“ Pflegeerlaubnis, die – verbunden mit den

Möglichkeiten ihrer Versagung (Abs. 2), ihrer Rücknahme oder ihres Widerrufes (Abs. 3 Satz 2), mit Unterrichtungspflichten (vgl. Abs. 4) und mit Überprüfungskompetenzen des Jugendamts (nach Abs. 3 Satz 1) – **präventiv** bzw. **reaktiv** darauf abzielt, vor eventuellen **Gefahren für das Wohl** des Kindes oder des/der Jugendlichen in Vollzeitpflege zu schützen.

Allein dieser Aspekt ist inhaltlicher Maßstab für entsprechende Entscheidungen des dafür zuständigen Jugendamtes – und **nicht etwa Bedarfskriterien.** Allerdings bestehen von der grundsätzlichen Erlaubnispflichtigkeit bei Vollzeitpflege **zahlreiche Ausnahmen** gemäß § 44 Abs. 1 Satz 2 Nrn. 1 bis 6 SGB VIII in Fällen, wo das Gefährdungsrisiko als gering anzusehen ist. Mit der Erlaubnispflicht zur Vollzeitpflege korrespondiert gemäß § 37 Abs. 2 Satz 1 (künftig eventuell gemäß § 37a) SGB VIII ein ausdrücklicher gesetzlicher **Rechtsanspruch** der Pflegeperson auf Beratung und Unterstützung durch das Jugendamt.

Mit der **Erlaubnis für den Betrieb einer Einrichtung** (§§ 45 bis 49 SGB VIII) soll der Schutz von Kindern und Jugendlichen u.a. in Tageseinrichtungen für Kinder, in Heimen für Kinder und Jugendliche, Wohngemeinschaften, Jugendwohnheimen u.a. gewährleistet werden, wo sich Kinder oder Jugendliche ganztägig oder für einen Teil des Tages zwecks Erziehung, Bildung, Betreuung und ggf. Unterkunft aufhalten. Dort ist das **Risiko einer Gefahr für das Wohl** des Kindes oder der/des Jugendlichen abstrakt besonders hoch einzuschätzen, und deshalb bestehen gemäß § 45 Abs. 1 Satz 2 SGB VIII nur wenige Ausnahmen vom Grundsatz der strikten Erlaubnispflichtigkeit für den Betrieb einer Einrichtung gemäß § 45 Abs. 1 Satz 1 SGB VIII. Entscheidendes Kriterium für die Erteilung der erforderlichen Erlaubnis ist die **Gewährleistung des Wohls des Kindes oder der/des Jugendlichen** in der Einrichtung gemäß § 45 Abs. 2 SGB VIII. In den §§ 45 bis 48 SGB VIII sind zahlreiche **weitere detaillierte Vorschriften** enthalten, u.a. über die Beratung der Einrichtungen; die Erlaubniserteilung; die Abstellung von Mängeln sowie über die Beteiligung anderer Behörden. Gemäß § 49 SGB VIII regelt das **Landesrecht** „Näheres“.

Gemäß § 50 Abs. 1 Satz 1 SGB VIII **unterstützt** das **Jugendamt** das **Familiengericht** bei allen Angelegenheiten und Maßnahmen, die die **Sorge für die Person** (nicht: für das Vermögen) von Kindern und Jugendlichen (gemäß §§ 1626 ff. BGB) betreffen. Zugleich hat das Jugendamt gemäß § 50 Abs. 1 Satz 2 SGB VIII in den dort bezeichneten Verfahren nach dem Gesetz über das Verfahren in Familiensachen und in den Angelegenheiten der freiwilligen Gerichtsbarkeit (FamFG) mitzuwirken, insbesondere bei Kindschaftssachen, Abstammungssachen und Adoptionssachen.

## 10.2 Weitere Schutzvorschriften nach Bundesrecht

### 10.2.1 Allgemeine Vorschriften des BGB

Nicht nur mit dem Ziel der Förderung der Entwicklung von Kindern und Jugendlichen, sondern auch mit dem Ziel von deren Schutz gibt es zahlreiche Vorschriften des BGB, auf die an zahlreichen Stellen in diesem Buch bereits eingegangen worden ist. Erneut hinzuweisen ist z.B. auf die Regelungen über:

- die **beschränkte Geschäftsfähigkeit** von Minderjährigen unter 18 Jahren und ihre gesetzliche Vertretung in der Regel durch die Personensorgeberechtigten nach den §§ 104 ff. BGB sowie die **beschränkte Deliktsfähigkeit** von Minderjährigen unter 18 Jahren nach den §§ 828 f. BGB;
- die Regelungen des Abstammungsrechts, des Adoptionsrechts, des Verwandtenunterhaltsrechts und des Rechts der elterlichen Sorge und des Umgangs (vgl. Kapitel 3 bis 5).

Das **Eherecht** des BGB enthält ebenfalls Schutzvorschriften für Kinder und Jugendliche, etwa über die Ehemündigkeit und bestimmte Eheverbote nach den §§ 1303 ff. BGB. Auch die erbrechtlichen Vorschriften nach dem Buch 5 BGB. **Erbrecht** beabsichtigen den (zumeist vermögensrechtlichen) Schutz von Minderjährigen.

### 10.2.2 Entzug der elterlichen Sorge

Die Regelungen über einen Entzug des elterlichen Sorgerechts nach den §§ 1666 ff. BGB sind bereits ausführlich behandelt worden (siehe Kapitel 5.2.3). Bei Vorliegen der Tatbestandsvoraussetzungen des

§ 1666 Abs. 1 BGB **„hat das Familiengericht“** nach der Rechtsfolge derselben Gesetzesbestimmung „die zur Abwendung der Gefahr **erforderlichen Maßnahmen** zu treffen.“ Entscheidender rechtlicher Maßstab auch dafür ist das **Kindeswohl** bzw. das Ziel der **Abwendung der Gefährdung** desselben im Interesse des Kindes.

### 10.2.3 Schutzvorschriften nach dem FamFG und weiteren Bundesgesetzen

Ebenfalls ist bereits auf die wichtigsten Schutzvorschriften für Kinder und Jugendliche nach dem **FamFG** eingegangen worden; siehe Kapitel 2.2.2 mit Hinweisen u.a. auf: § 158 FamFG (Bestellung eines Verfahrensbeistands – sog. „Anwalt des Kindes“), § 159 FamFG (Anhörung des Kindes), § 155 FamFG (Vorrang- und Beschleunigungsgebot betreffend Kindschaftssachen) sowie § 165 FamFG (Vermittlung betreffend Umgang mit dem Kind). Weitere Vorschriften auch zum Schutz von Kindern und Jugendlichen sind die weiteren **Verfahrensregelungen** nach Buch 1 FamFG sowie nach den §§ 169 ff FamFG (Verfahren in Abstammungssachen), §§ 186 ff FamFG (Verfahren in Adoptionssachen), §§ 200 ff FamFG (Verfahren in Ehewohnungs- und Haushaltssachen), §§ 210 ff FamFG (Verfahren in Gewaltschutzsachen) sowie §§ 231 ff FamFG (Verfahren in Unterhaltssachen).

Besonders hinzuweisen ist auf das **Gesetz zur Kooperation und Information im Kinderschutz** (KKG); u.a. wird in dessen § 3 die Etablierung von sektorenübergreifenden, verbindlichen Netzwerkstrukturen im Kinderschutz vorgeschrieben.

Das **Jugendschutzgesetz** (JuSchG) enthält u.a. (primär an Erwachsene und Gewerbetreibende gerichtete) Regelungen betreffend Besuche von Gaststätten, Film- und Tanzveranstaltungen, Spielhallen, Alkohol, Drogen, das Rauchen in der Öffentlichkeit und den Aufenthalt an jugendgefährdenden Orten; ferner umfangreiche Regelungen zum Jugendmedienschutz.

Zahlreiche besondere Schutzvorschriften für junge Menschen beinhalten auch die Regelungen des **Strafgesetzbuchs,** etwa in Form von speziellen **Straftatbeständen** nach den §§ 169ff. StGB (Straftaten gegen den Personenstand, die Ehe und die Familie), §§ 174 ff. StGB (Straftaten gegen die sexuelle Selbstbestimmung) oder den §§ 232 ff. StGB (Straftaten gegen die persönliche Freiheit – gerade auch von Minderjährigen). Das **Jugendgerichtsgesetz** (JGG) schließlich enthält zahlreiche privilegierende Vorschriften für junge Menschen, u.a. mit einem (stärker vom Erziehungsgedanken geprägten) Sanktionensystem, durch Schaffung spezieller Jugendgerichte, Jugendstaatsanwaltschaften und Jugendstrafvollzugseinrichtungen sowie mit Regelungen über die Jugendgerichtshilfe.

## 10.3 Kinderschutz nach Landesrecht

### 10.3.1 Überblick über die Landeskinderschutzgesetze

Mittlerweile existieren in allen Bundesländern separate Landesgesetze zum Bereich des Kinderschutzes (dazu ausführlich sowie mit detaillierten Nachweisen: Wabnitz in GK-SGB VIII, Stand 2021, § 14, Rz. 52 ff.). Überwiegend handelt es sich dabei um recht **kurze Gesetze** mit wenigen Paragrafen, insbesondere betreffend die Weitergabe von Informationen über eine eventuelle Nichtteilnahme an Früherkennungsuntersuchungen (siehe Kapitel 10.3.3) – teilweise auch enthalten in den jeweiligen Landesgesetzen über den öffentlichen Gesundheitsdienst (vgl. die Gesetze in Baden-Württemberg, Bayern, Brandenburg, Bremen, Hamburg, Hessen, Mecklenburg-Vorpommern, Niedersachsen, Nordrhein-Westfalen, Saarland und Thüringen). In einigen Ländern bestehen **breiter angelegte Landeskinderschutzgesetze** (in Berlin, Rheinland-Pfalz, Sachsen, Sachsen-Anhalt und Schleswig-Holstein).

**Beispiel:** Das umfangreichste Landesgesetz ist das Gesetz zur Weiterentwicklung und Verbesserung des Schutzes von Kindern und Jugendlichen in **Schleswig-Holstein**. In diesem Gesetz gibt es zunächst in einem ersten Teil weit gefasste Zielbestimmungen und Regelungen der Grundsätze des Kinderschutzes sowie konkrete Aufgabenzuweisungen an die Träger der öffentlichen Jugendhilfe. In einem zweiten Teil des Gesetzes sind die Themen Information, Aufklärung, Förderung, Bildung, Beratung, Unterstützung von Familien etc. entfaltet; weitere Themen sind Fortbildung, Qualifizierung sowie Förderung überregional tätiger Träger des Kinderschutzes. In einem dritten Teil werden konkrete Leistungen und Hilfen geregelt, etwa frühe und rechtzeitige Hilfen für Schwangere, für junge Mütter, für Familien in besonderen Lebenslagen usw. Weiterhin wird den Kommunen auferlegt, lokale Netzwerke für Kinder- und Jugendschutz zu schaffen; in solchen Netzwerken sollen alle Institutionen, die vor Ort mit Kindern und Jugendlichen im weitesten Sinne zu tun haben, vertreten sein. Einrichtungen der Kinder- und Jugendhilfe werden verpflichtet, noch stärker auf Gefahren von Kindern und Jugendlichen im Rahmen von § 45 SGB VIII zu achten.

Enthalten sind zudem nähere Vorgaben für die Verträge nach § 8a Abs. 4 SGB VIII und Ergänzungen zu § 72a SGB VIII, Ergänzungen zur bundesgesetzlichen Regelung über die Inobhutnahme und anderes. Neben der Verpflichtung, lokale Netzwerke zu bilden, wird den Beteiligten aufgegeben, in Kooperationskreisen mit Blick auf Einzelfälle zusammenzuarbeiten. Schließlich legt die Landesregierung dem Landtag in jeder Legislaturperiode einen Landeskinderschutzbericht vor. Das Themenfeld „Teilnahme an Früherkennungsuntersuchungen für Kinder" und Meldungen an eine „zentrale Stelle" ist in Schleswig-Holstein darüber hinaus in § 7a des Gesetzes über den öffentlichen Gesundheitsdienst geregelt worden.

### 10.3.2 Ermächtigungen an Ärzte und andere Berufsgruppen zur Weitergabe von Informationen an das Jugendamt

Nach mehreren Ländergesetzen sind **„Geheimnisträger"** im Sinne von § 203 StGB (wie z. B. Sozialarbeiter/innen in bestimmten Arbeitsfeldern) **verpflichtet**, unter anderem bei der Inanspruchnahme von Hilfen erfahrene **Fachkräfte hinzuzuziehen**, und ermächtigt beziehungsweise verpflichtet, **dem Jugendamt** gegebenenfalls vorliegende gewichtige Anhaltspunkte für eine Kindeswohlgefährdung **mitzuteilen**. In Baden-Württemberg sollen danach die im öffentlichen Gesundheitsdienst beschäftigten Geheimnisträger auf Hilfen hinwirken und bei Dringlichkeit ihre Erkenntnisse dem Jugendamt mitteilen. Ähnliches gilt nach dem Hessischen sowie dem Sächsischen Landesgesetz: Ärzte und Hebammen sind danach befugt, dem zuständigen Jugendamt Mitteilungen zu machen, wenn sie Anhaltspunkte für eine Kindeswohlgefährdung feststellen, sowie nach ähnlichen Regelungen in Mecklenburg-Vorpommern (in Bezug auf das Gesundheitsamt), in Rheinland-Pfalz und Sachsen-Anhalt.

### 10.3.3 Weitergabe von Informationen über eine Nicht-Teilnahme an Früherkennungsuntersuchungen

Dieses Thema stellt den **Regelungsschwerpunkt** der Landeskinderschutzgesetzgebung dar. In der großen Mehrzahl der **Landesgesetze** sind Regelungen über die Weitergabe und die Nutzung von Erkenntnissen über eine eventuelle **Nichtteilnahme von Kindern an Früherkennungsuntersuchungen** getroffen worden (siehe dazu auch die Zusammenstellungen in: Deutscher Bundestag – Wissenschaftliche Dienste 2009). Ausgangspunkt dafür ist § 26 SGB V (Gesetzliche Krankenversicherung) betreffend Kinderuntersuchungen als Leistungen der gesetzlichen Krankenversicherung über die Teilnahme an den Früherkennungs-Untersuchungen („U-Untersuchungen“) für Kinder. Die faktische Teilnahmequote an diesen gesundheitlichen Früherkennungsuntersuchungen sinkt von fast 100 Prozent (nach der Geburt der Kinder) bis auf ca. 85 Prozent.

Dies hat in den Ländern zu zwei Grundüberlegungen geführt. Erstens soll versucht werden, eine Erhöhung der Inanspruchnahmequoten auf bis zu 100 Prozent zu erreichen. Zweitens bestehe möglicherweise bei Nichtteilnahme an diesen Untersuchungen ein Anhaltspunkt im Hinblick auf eine eventuelle Kindeswohlgefährdung bzw. ein Anknüpfungspunkt für eine Hilfegewährung oder ein sonstiges Tätigwerden der Jugendämter nach § 8a SGB VIII.

**Fraglich und umstritten** ist dabei, ob diese Verknüpfung (Nichtteilnahme an U-Untersuchungen gleich Anhaltspunkt für eine mögliche Kindeswohlgefährdung) wirklich fachlich überzeugend ist. Die landesgesetzlichen Regelungen dafür erscheinen zudem zumindest in denjenigen Bundesländern als **unverhältnismäßig**, wo Meldungen über die Nichtteilnahme an den U-Untersuchungen zu nur verschwindend wenigen, zuvor noch nicht bekannten Verdachtsfällen von Kindeswohlgefährdung (im „Promillebereich") geführt haben. In der **Rechtsprechung** wurden die entsprechenden landesgesetzlichen Regelungen jedoch bislang als verfassungsrechtlich vertretbar angesehen (Verfassungsgerichtshof Rheinland-Pfalz, Urteil vom 28.05.2009 – VGH B 45/08, NJW-RR 2009, S. 1588–1593; JAmt 2010, 142–149; juris; VG Gelsenkirchen, Urteil vom 26.01.2017 – 17 K 414/14 –, JAmt 2017, 451–453; ZKJ 2017, 392–399; juris).

## Literaturhinweise

**DEUTSCHER BUNDESTAG** – Wissenschaftliche Dienste 2009, Früherkennungsuntersuchungen für Kinder in Deutschland. WD 9 – 3000.

**MÜNDER,** Johannes, et al. 8 2019: Frankfurter Kommentar zum SGB VIII: Kinder- und Jugendhilfe. Baden-Baden.

**ÖNDÜL,** Daniela Evrim in: GK-SGB VIII, Stand: 2021, Kommentierungen zu den §§ 42a ff. SGB VIII.

**TRENCZEK,** Thomas et al. 3 2017: Inobhutnahme. Krisenintervention und Schutzgewährung durch die Jugendhilfe. München u. a.

**WABNITZ,** Reinhard Joachim 6 2020a: Grundkurs Kinder- und Jugendhilferecht für die Soziale Arbeit. München.

**WABNITZ,** Reinhard Joachim et al., Stand 2021: Gemeinschaftskommentar zum SGB VIII (GK-SGB VIII).

**WIESNER,** Reinhard 5 2015: SGB VIII Kinder- und Jugendhilfe. Kommentar. München.

# 11. Aufsichtspflicht und Haftung

## 11.1 Entstehung der zivilrechtlichen Aufsichtspflicht

### 11.1.1 Gesetzliche Aufsichtspflichten

Das Thema „Aufsichtspflicht und Haftung" spielt, weil mit Risiken und ggf. mit Sanktionen verbunden, in der Kindheitspädagogik und der Sozialen Arbeit eine bedeutende Rolle. Die wichtigste Vorschrift betreffend zivilrechtliche Aufsichtspflichten ist die folgende:

> „§ 832 Haftung des Aufsichtspflichtigen
>
> (1) Wer **kraft Gesetzes** zur Führung der **Aufsicht** über eine Person **verpflichtet** ist, die wegen Minderjährigkeit oder wegen ihres geistigen oder körperlichen Zustands der Beaufsichtigung bedarf, ist **zum Ersatz des Schadens verpflichtet**, den diese Person einem Dritten widerrechtlich zufügt. Die Ersatzpflicht tritt nicht ein, wenn er seiner Aufsichtspflicht genügt oder wenn der Schaden auch bei gehöriger Aufsichtsführung entstanden sein würde.
> (2) Die gleiche Verantwortlichkeit trifft denjenigen, welcher die Führung der Aufsicht durch Vertrag übernimmt."

**Gesetzliche Aufsichtspflichten** haben insbesondere:

- personensorgeberechtigte Eltern gegenüber ihren Kindern (§ 1631 Abs. 1 BGB)
- Vormünder (§§ 1793, 1800 i.V.m. 1631 Abs. 1 BGB)
- Personen im Rahmen einer Pflegschaft (§§ 1909, 1915 i.V.m. 1631 Abs. 1 BGB)
- Lehrkräfte gegenüber minderjährigen Schülerinnen und Schülern (nach dem jeweiligen Landesschulgesetz).

Gesetzliche Aufsichtspflichten entstehen unmittelbar aufgrund einer entsprechenden gesetzlichen Regelung des Bundes- oder Landesrechts, ohne dass es auf das Einverständnis der jeweiligen Personen ankommt (Dieball et al. 2019, Kapitel A 1.1; Schleicher 2020, Kapitel B I.; Wabnitz 2019b, Kapitel 9.1.1).

### 11.1.2 Vertragliche Aufsichtspflichten

Gemäß § 832 Abs. 2 BGB trifft „**die gleiche Verantwortlichkeit** (wie bei gesetzlichen Aufsichtspflichten nach § 832 Abs. 1 BGB) „denjenigen, welcher die Führung der Aufsicht durch **Vertrag** übernimmt.“ Diese Übernahme der Verantwortlichkeit kann sich aus einer expliziten vertraglichen Vereinbarung, konkludent (stillschweigend) oder aus der „Natur der Sache“ ergeben (Dieball et al. 2019, Kapitel A 1.2; Schleicher 2020, Kapitel B II.; Wabnitz 2019b, Kapitel 9.1.2). Auf dieser Basis besteht eine ggf. weitreichende Obhutspflicht mit vielgestaltigen Einwirkungsmöglichkeiten und entsprechenden Verpflichtungen z. B. von Erziehungspersonal in Tageseinrichtungen für Kinder, in Heimen der Kinder- und Jugendhilfe oder bei Jugenderholungsmaßnahmen, aber auch von Pflegepersonen und Tagesmüttern.

Gemäß § 1688 Abs. 1 und 2 BGB haben **Pflegepersonen** sowie das in Heimen im Rahmen von Hilfe zur Erziehung nach den §§ 34, 35 und 35a Abs. 1, Abs. 2 Nr. 3 und 4 SGB VIII tätige **Erziehungs- und Betreuungspersonal** Befugnisse zur Entscheidung in „Angelegenheiten des täglichen Lebens“ und sind ebenfalls qua **Vertrag** aufsichtspflichtig. Bei einer Inobhutnahme von Kindern und Jugendlichen nach § 42 SGB VIII ist das Jugendamt bis zum Abschluss der Maßnahme aufsichtspflichtig.

Wichtig bei der **vertraglichen Übernahme der Aufsichtspflicht** ist, dass der Vertrag zwischen den jeweils hierzu Berechtigten geschlossen worden ist. Auf der Seite des zu Beaufsichtigenden muss der Vertrag also entweder von ihm selbst mit Zustimmung seiner gesetzlichen Vertreter oder von diesen abgeschlossen worden sein. Auf der anderen Seite muss eine natürliche Person für sich selbst oder mit Zustimmung ihrer gesetzlichen Vertreter (berechtigterweise) für die jeweilige Institution tätig geworden sein.

### 11.1.3 Keine Gefälligkeitsaufsicht

Allerdings muss für die Übernahme einer Aufsichtspflicht durch Vertrag gemäß § 832 Abs. 2 BGB der Wille zur Übertragung und Übernahme der Aufsichtspflicht klar erkennbar geworden sein; es darf sich nicht um eine reine „Gefälligkeitsaufsicht“ handeln. Entsprechendes gilt mit Blick auf den- oder diejenigen, bei denen sich z.B. das Kind im Einverständnis mit seinen Eltern aufhält. Das Vorliegen eines solchen **„rechtsgeschäftlichen Übernahmewillens“** als Voraussetzung für die Annahme einer im Sinne von § 832 Abs. 2 BGB durch Vertrag übernommenen Aufsichtspflicht ist anhand der Einzelfallumstände zu ermitteln; entscheidend ist, ob eine entsprechende „Zuständigkeit“ für die Aufsichtsführung begründet werden sollte. Die kurze Überlassung eines Kindes an Freunde oder Verwandte „aus Gefälligkeit“, auch wenn dies mehrfach geschieht, genügt grundsätzlich nicht (ständige Rechtsprechung seit BGH NJW 1968, 1874).

**Beispiel** (aus: Wabnitz 2020b, Kapitel 6.6 – Fall 10: „Der fliegende Blumentopf“):

Die beiden sechsjährigen Jungen A. und B. spielen mit Einverständnis ihrer Eltern häufig in der Wohnung der Eltern des jeweils anderen Kindes, diesmal von B. Nun warf A. auf einmal unverhofft einen Blumentopf aus dem offenen Fenster, der den Passanten P. getroffen und schwer verletzt hat. Hier hatte es sich jedoch um eine reine Gefälligkeit der Eltern von B. gehandelt, dass A. in ihrer Wohnung spielen durfte. Mangels eines entsprechenden rechtsgeschäftlichen Bindungswillens der Eltern von B. ist hier kein Aufsichtsführungsvertrag in Hinblick auf A. zustande gekommen, sodass der Passant die Eltern von B. nicht auf Schadenersatz gemäß § 832 Abs. 2 BGB in Anspruch nehmen kann.

## 11.2 Inhalt, Umfang und Verletzung der zivilrechtlichen Aufsichtspflicht

### 11.2.1 Inhalt der Aufsichtspflicht

In § 832 BGB wird nur die Rechtsfolge von zivilrechtlichen Aufsichtspflichtverletzungen geregelt (nämlich: die Verpflichtung zum Schadenersatz), jedoch nicht Inhalt und Umfang von Aufsichtspflichten. Da dies mit Blick auf die Vielzahl von Fällen und Situationen in allgemeiner Form verbindlich auch gar nicht festgelegt werden kann, hat es der Gesetzgeber der Rechtsprechung überlassen, im konkreten Fall Inhalt, Umfang und Grenzen der Aufsichtspflicht zu bestimmen (Dieball et al. 2019, Kapitel 2; Schleicher 2020, Kapitel 2 C.; Trenczek et al. 2018, Kapitel V. 1.2.1). Grundsätzlich beinhaltet die Aufsichtspflicht eine **doppelte Verpflichtung**:

- Die zur Aufsicht anvertrauten Personen sind vor Schäden jeder Art zu bewahren, die ihnen andere Personen und sie sich selbst zufügen könnten;
- es gilt zu verhindern, dass andere Personen („Dritte") durch die zur Aufsicht anvertrauten Personen einen Schaden erleiden.

**Beispiel** (aus: Wabnitz 2019b, Kapitel 9.4): Vater V. ist passionierter Sportschütze und hat seinen Sohn S. früh mit Waffen vertraut gemacht. Eines Tages nimmt S. eine Pistole aus V.s Waffenschrank, nachdem er beobachtet hatte, dass V. den Schlüssel zum Waffenschrank in seine Nachttischschublade gelegt hatte. Um seinen Mitschülern zu imponieren, nimmt S. die Pistole mit in die Schule. Als sich versehentlich ein Schuss löst, verletzt eine Pistolenkugel die Mitschülerin M. am Bein. Dass Pistolen besonders gefährliche Gerätschaften sind, liegt auf der Hand. Deshalb wäre der gegenüber S. gemäß § 1631 Abs. 1 BGB aufsichtspflichtige V. verpflichtet gewesen, die Pistole sorgfältiger und für S. unzugänglich zu verwahren. Gegen dieses Gebot hat V. nachhaltig verstoßen, sodass er seine Aufsichtspflicht verletzt hat und der Mitschülerin M. gemäß § 832 Abs. 1 Satz 1 BGB zum Ersatz des entstandenen Schadens verpflichtet ist.

Bei der Frage nach dem Inhalt von Aufsichtspflichten spielen auch die folgenden Aspekte eine wichtige Rolle:

- die **Grundrechte** auf freie Entfaltung der Persönlichkeit gemäß Art. 2 Abs. 1 GG und auf Leben und körperliche Unversehrtheit gemäß Art. 2 Abs. 2 Satz 1 GG;
- das **Leitbild** der Personensorge gemäß § 1626 Abs. 2 BGB: Berücksichtigung der wachsenden Fähigkeit und des wachsenden Bedürfnisses des Kindes zu selbstständigem und verantwortungsbewusstem Handeln durch die Eltern;
- das Recht junger Menschen auf Förderung ihrer Entwicklung und auf Erziehung zu einer **eigenverantwortlichen und gemeinschaftsfähigen Persönlichkeit** (§ 1 Abs. 1 SGB VIII).

### 11.2.2 Umfang der Aufsichtspflicht

Als allgemeine **Richtschnur** betreffend Umfang und Grenzen der Aufsichtspflicht gilt folgender Maßstab: Die aufsichtspflichtige Person hat das zu tun oder zu unterlassen, was von einer **verständigen** aufsichtspflichtigen **Person** in einer entsprechenden Situation und nach den Umständen des Einzelfalles vernünftiger- und billigerweise verlangt werden könnte (Trenczek et al. 2018, Kapitel V. 1.2.4, unter Bezugnahme auf die Rechtsprechung des BGH NJW 1984, 2574; 1993, 1103; 1996, 1404). Unter Bezugnahme auch auf den „gesunden Menschenverstand" wird es dabei häufig um die folgenden **Faktoren** gehen, die den Umfang der Aufsichtspflicht bestimmen:

- die **zu beaufsichtigende Person**, insbesondere deren Alter, Reifegrad, Charakter, Gruppenverhalten, ggf. „frühere Auffälligkeiten" und zuvor gemachte Erfahrungen
- ggf. die Gruppengröße
- die **Gefährlichkeit** der Beschäftigung, insbesondere die Art von Spiel- und Beschäftigungsgeräten
- die örtliche **Umgebung**
- die Anzahl, Qualifikationen, Fähigkeiten und pädagogischen Erfahrungen der **Aufsichtspersonen**
- das **pädagogische Ziel der Erziehung** zur Selbstständigkeit unter Berücksichtigung der Entwicklungsbedürfnisse der Minderjährigen.

Auch das letztgenannte Ziel bestimmt Umfang und Intensität der zu treffenden Aufsichtsmaßnahmen mit (Trenczek et al. 2018, a.a.O., auch unter Bezugnahme auf BGH NJW 1976, 1684). Ein steigendes Maß an Freiheit **bei zunehmendem Alter** ist für die Entwicklung junger Menschen notwendig; dabei müssen unter Umständen auch (beherrschbare!) Risiken in Kauf genommen werden.

Vor diesem Hintergrund kommen je nach den besonderen Umständen des Einzelfalles folgende **Maßnahmen der aufsichtspflichtigen Personen** in Betracht, die ggf. „gestuft", flexibel und „verhältnismäßig" gestaltet und erforderlichenfalls dokumentiert werden sollten:

- Information und Aufklärung, Hinweis auf Gefahren
- Absprachen, Treffen klarer Regelungen
- Belehrungen, Ermahnungen, Gebote und Verbote
- Überprüfung der Gefahrenquellen
- Beobachtung der getroffenen Maßnahmen und Durchführung von Kontrollen
- Unterbindung von Gefahren, etwa durch Wegnahme und sichere Verwahrung gefährlicher Gegenstände
- Inanspruchnahme der Hilfe anderer
- Hinzuziehung spezifisch qualifizierter Betreuungspersonen, etwa bei besonderen erlebnispädagogischen Aktionen
- erforderlichenfalls Abbruch einer Veranstaltung oder Maßnahme

Während die Delegation von durch Einzelvertrag übernommenen Aufsichtspflichten als persönliche Verpflichtungen grundsätzlich unzulässig ist, ist die **Delegation von Aufsichtspflichten** im Bereich der Kindheitspädagogik und in sozialen Einrichtungen weit **verbreitet** und liegt dort gleichsam „in der Natur der Sache“. Auch die Delegation von Aufsichtspflichten etwa auf Praktikantinnen/Praktikanten, Studentinnen/Studenten oder auf ehrenamtliche Betreuerinnen/Betreuer kann zulässig sein, wenn diese in entsprechender Weise darauf vorbereitet worden sind. Voraussetzung ist, dass die betreffende Person zur Übernahme der Aufsicht bereit, dafür geeignet und damit nicht überfordert ist und dass sie hinreichend angeleitet wird (Trenczek et al. 2018, Kapitel V. 1.2.5). Die Delegation der Aufsichtspflicht an insoweit **ungeeignete Personen** stellt eine **Aufsichtspflichtverletzung** dar und führt auch im Bereich der Kindheitspädagogik ggf. zur Haftung des Trägers einer Einrichtung, wenn es dadurch zu einem Schaden kommt.

### 11.2.3 Verletzung der Aufsichtspflicht

Kommt es aufgrund einer Aufsichtspflichtverletzung zur rechtswidrigen Verursachung eines Schadens, kann dies zivilrechtliche, strafrechtliche und arbeits- oder dienstrechtliche Konsequenzen haben. Im Folgenden wird auf mögliche zivilrechtliche Konsequenzen eingegangen.

Eine **Aufsichtspflicht** wird **verletzt,** wenn sie nicht nach den unter 11.2.1 und 11.2.2 dargestellten Maßstäben betreffend Inhalt, Umfang und Grenzen der Aufsichtspflicht wahrgenommen worden ist. Für jede Person, die nach § 832 BGB kraft Gesetzes oder Vertrages zur Führung der Aufsicht über Minderjährige oder sonstige der Aufsicht bedürftige Personen verpflichtet ist, stellt sich deshalb die Frage, mit welchen zivilrechtlichen Konsequenzen zu rechnen ist. Bei realistischer Betrachtung ist nämlich grundsätzlich nicht auszuschließen, dass Aufsichtspflichtige Fehler machen, die Aufsichtspflichtverletzungen darstellen und Schäden verursachen können, sodass ggf. eine Verpflichtung zum **Schadenersatz** entsteht. Von daher empfiehlt sich im Übrigen regelmäßig auch der Abschluss einer privaten **Haftpflichtversicherung** und unbedingt einer solchen durch den Träger von Einrichtungen und Diensten im Bereich der Kindheitspädagogik und der Sozialen Arbeit.

Die Verpflichtung zum Schadenersatz tritt gemäß § 832 Abs. 1 Satz 2 BGB allerdings **nicht** ein, wenn ein sogenannter **„Entlastungsbeweis"** geführt werden, sich die aufsichtspflichtige Person also „exkulpieren" kann (von lateinisch: culpa/Schuld). Dies ist in zwei Fällen möglich:

- wenn der Aufsichtspflichtige seiner **Aufsichtspflicht genügt** hat (§ 832 Abs. 1 Satz 2, 1. Alt. BGB) oder
- wenn der **Schaden auch bei „gehöriger" Aufsichtsführung entstanden** sein würde (§ 832 Abs. 1 Satz 2, 2. Alt. BGB).

Die erste Alternative ist erfüllt, wenn der Aufsichtspflichtige sich so verhalten hat, wie dies im konkreten Fall entsprechend den Maßstäben nach Kapitel 11.2.1 und 11.2.2 (Inhalt, Umfang und Grenzen der Aufsichtspflicht) geboten und unter pädagogischen Gesichtspunkten zumutbar war. Die zweite gesetzliche Alternative betrifft den Fall „mangelnder haftungsbegründender Kausalität" zwischen Aufsichtspflichtverletzung und Schadenseintritt (Wabnitz 2020b, Kapitel 6.4.2). Dabei muss der Aufsichtspflichtige bei beiden gesetzlichen Alternativen darlegen und beweisen, was er zur Erfüllung der Aufsichtspflicht unternommen hat bzw. dass der Schaden auch bei „gehöriger" Aufsichtsführung (wiederum nach den Maßstäben nach

11.2.1 und 11.2.2) entstanden wäre (Dieball et al. 2019, Kapitel A.3).

**Beispiel** (aus Wabnitz, 2019b, Kapitel 9.4): Während einer einwöchigen Ferienfreizeit in einer Kinder- und Jugendeinrichtung betreut der erfahrene, aufsichtspflichtige Betreuer B. die sieben- bis zehnjährigen Kinder seines Sportvereins. Am vierten Abend bringt B. die Kinder im Gemeinschaftsschlafzimmer der Einrichtung wie bereits an den Vorabenden gegen 20:00 Uhr zu Bett. Nachdem er sich davon überzeugt hat, dass alle Kinder eingeschlafen sind, geht er in eine in der Nähe gelegene Gaststätte. Bei seiner Rückkehr in die Einrichtung stellt sich heraus, dass das siebenjährige Mädchen M. so unglücklich aus dem Bett gefallen ist, dass M. sich den Arm gebrochen hat. Ist B. gegenüber M. schadenersatzpflichtig?

Die gemäß § 832 Abs. 2 i.V.m. § 832 Abs. 1 Satz 1 BGB durch B. übernommene Aufsichtspflicht bezieht sich auch auf die Abend- und Nachtzeiten. Es kann hier offenbleiben, ob B. seiner Aufsichtspflicht im Sinne von § 832 Abs. 1 Satz 2, 1. Alt. BGB genügt hat. Denn nach dem Sachverhalt wäre hier der Schaden auch bei „gehöriger" Aufsichtsführung im Sinne von § 832 Abs. 1 Satz 2, 2. Alt. BGB entstanden. Da B. insoweit den sog. „**Entlastungsbeweis**" führen kann, ist er nach der zuletzt genannten Gesetzesalternative „exkulpiert" und nicht schadenersatzpflichtig geworden.

## 11.3 Strafrechtliche Aufsichtspflichten

### 11.3.1 Verletzung einer Fürsorge- und Aufsichtspflicht

Neben zivilrechtlichen Folgen kann eine Aufsichtspflichtverletzung auch arbeitsrechtliche und schließlich strafrechtliche Konsequenzen nach sich ziehen. Pflichtverletzungen als strafbare Handlungen sind an vielfacher Stelle im StGB normiert, so u.a. gemäß § 171 StGB:

> „§ 171 Verletzung der Fürsorge- oder Erziehungspflicht
>
> Wer seine Fürsorge- oder Erziehungspflicht gegenüber einer Person unter sechzehn Jahren **gröblich verletzt** und dadurch den Schutzbefohlenen in die Gefahr bringt, in seiner körperli-

chen oder psychischen Entwicklung **erheblich geschädigt** zu werden, einen kriminellen Lebenswandel zu führen oder der Prostitution nachzugehen, wird mit Freiheitsstrafe bis zu drei Jahren oder mit Geldstrafe bestraft."
Eine dementsprechende Fürsorge- oder Erziehungspflicht kann sich ergeben aus:
- Gesetz (insbesondere bei Eltern nach § 1631 Abs. 1 BGB; dementsprechend auch bei Vormündern und Pflegern),
- Vertrag (z.B. mit Pflegeeltern, bei Aufnahme in eine Tageseinrichtung oder ein Heim),
- tatsächlicher Übernahme (z.B. Aufnahme in eine Wohngemeinschaft)
- oder aus einem öffentlich-rechtlichen Aufgabenbereich (z.B. bei Bediensteten des Jugendamtes nach §§ 8a oder 42ff. SGB VIII).

Die Gefahr einer **„erheblichen Schädigung"** ist gegeben, wenn zu befürchten ist, dass der körperliche oder seelische Reifeprozess des Kindes oder Jugendlichen **nachhaltig beeinträchtigt** wird. Als Schaden in diesem Zusammenhang kann auch eine Entwicklungsverzögerung oder eine Fehlentwicklung gelten, wenn diese ein sozial hinnehmbares Maß deutlich überschreitet (Dieball et al. 2019, Kapitel C).

### 11.3.2 Weitere relevante Straftatbestände

Im Zusammenhang mit Aufsichtspflichten über Kinder und Jugendliche oder mit Blick auf Abhängigkeitsverhältnisse können auch die folgenden weiteren Straftatbestände des StGB relevant werden:

- § 170 StGB: Verletzung der (gesetzlichen) **Unterhaltspflicht** (insbesondere mit Blick auf Kinder und Jugendliche nach den §§ 1601 ff BGB)
- § 173 StGB: **Beischlaf** zwischen Verwandten, insbesondere mit leiblichen Abkömmlingen
- §§ 174ff., 182 StGB: **Sexueller Missbrauch** von Schutzbefohlenen und Minderjährigen

- § 180 StGB: **Förderung sexueller Handlungen** Minderjähriger durch Vermittlung oder durch Gewähren oder Verschaffen von Gelegenheit

Eine Straftat kann darüber hinaus nicht nur durch aktives Handeln, sondern auch durch **Unterlassen** begangen werden, z.B. bei:

- § 138 StGB: **Nichtanzeige** (nur:) geplanter (und nicht schon begangener) und zudem schwerer Straftaten wie Mord und Totschlag, Raub oder besondere gemeingefährliche Straftaten
- § 323c StGB: **Unterlassene Hilfeleistung** (z.B. bei Unglücksfällen oder Not)

### 11.3.3 Strafrechtliche Garantenstellung und Beschützergarantie

In der Kindheitspädagogik und der Sozialen Arbeit stellt sich schließlich leider nicht selten auch die Frage, ob man sich auch sonst durch **„Nichthandeln"** strafbar machen kann. Von besonderer Bedeutung ist hier § 13 StGB mit dessen folgendem Wortlaut:

> „§ 13 Begehen durch Unterlassen
>
> (1) Wer es **unterlässt**, einen Erfolg abzuwenden, der zum Tatbestand eines Strafgesetzes gehört, ist nach diesem Gesetz nur dann strafbar, wenn er **rechtlich dafür einzustehen** hat, dass der Erfolg nicht eintritt, und wenn das Unterlassen der Verwirklichung des gesetzlichen Tatbestandes durch ein Tun entspricht.
> (2) …"

Danach kann man sich auch im Bereich der Kindheitspädagogik strafbar machen durch Unterlassen, wenn man dazu verpflichtet war, einen Erfolg abzuwenden, der zum Tatbestand eines Strafgesetzes gehört, z.B. nach § 211: Mord; § 212: Totschlag; §§ 223 ff: Körperverletzung; § 225: Misshandlung von Schutzbefohlenen u.a. Dabei handelt es sich um sog. **unechte Unterlassungsdelikte nach § 13 Abs. 1** StGB, bei denen die folgenden Voraussetzungen erfüllt sein müssen:

1. Objektiver Tatbestand:

1.1 Eintritt des tatbestandsmäßigen **Erfolges** einer Strafrechtsnorm (z.B. einer Körperverletzung nach § 223 StGB)

1.2 **Abwendbarkeit** des Erfolgs (z.B. der Körperverletzung)
1.3 **Kausalzusammenhang** (wenn mit an Sicherheit grenzender Wahrscheinlichkeit vom Ausbleiben des Erfolgs bei Vornahme der unterlassenen Handlung ausgegangen werden kann)
1.4 **Garantenstellung** (siehe dazu im Einzelnen sogleich)
2. Subjektiver Tatbestand: vor allem **Kenntnis** bzw. Erkennbarkeit der Garantenstellung
3. **Rechtswidrigkeit** (Nichtvorliegen eines Rechtfertigungsgrundes)
4. **Schuld** (Schuldfähigkeit; Vorsatz oder Fahrlässigkeit)

Eine **Garantenstellung** (Beschützergarantie) ist immer dann gegeben, wenn aufgrund **besonderer Beziehungen** zum geschützten Rechtsgut (z.B.: Leben, Körper, Gesundheit etc.) eines anvertrauten Menschen eine **spezielle Rechtspflicht zum Tätigwerden** besteht (Dieball et al. 2019, Kapitel C. 3).

Fälle der **Begründung einer** solchen **Garantenstellung** können sein:

- Bestehen einer spezifischen **gesetzlichen** Regelung (etwa: bei Mitarbeiterinnen oder Mitarbeitern des Jugendamts nach den §§ 8a, 42, 42a ff., 43 ff. SGB VIII);
- Abschluss eines **Vertrages** (betreffend die Betreuung z.B. in Kindertageseinrichtungen oder Heimen);
- Bestehen einer engen **Lebensgemeinschaft** (Familie, Ehegatten, Verlobte, Lebenspartner, Vormund/Mündel);
- Schaffung einer Gefahr, insbesondere Gefährdungen von Leib und Leben (sog. „**Ingerenz**“) durch vorangegangenes gefährliches Tun; z.B. Verkehrsunfall nach Verstoß gegen Vorschriften nach dem Straßenverkehrsrecht;
- **Übernahme von Schutzfunktionen** mit Blick auf Minderjährige, Gefährdete, Drogensüchtige oder Patienten.

Für die Frage der Strafbarkeit von im Bereich der Kindheitspädagogik tätigen Menschen oder von Sozialarbeiterinnen und Sozialarbeitern u.a. kommt es sodann immer entscheidend darauf an, ob die handelnde Person im konkreten Einzelfall eine **Pflichtverletzung** begangen hat. Ist dies nicht der Fall und handelte die betreffende Person sachgerecht, fachlich korrekt oder zumindest sozialarbeiterisch vertretbar, liegt keine strafrechtlich vorwerfbare Pflichtverletzung vor (Kievel et al. 2018, Kapitel 15 H III.). Mit anderen Worten: Was **lege artis** „kunst- und fachgerecht" ist, also anerkannten fachlichen Standards entspricht, kann **nicht strafbar** sein (Trenczek et al. 2018, Kapitel IV. 2.2.2)!

Vor diesem Hintergrund ist es **nur selten zu strafrechtlichen Verurteilungen von** in der Kindheitspädagogik oder der Sozialen Arbeit **Beschäftigten gekommen**; allerdings durchaus z.B. in dem entsetzlichen Fall „Kevin" in Bremen 2006, wo ein unter Amtsvormundschaft des Jugendamts (!) befindliches Kleinkind auf grässlichste Weise zu Tode gekommen war (Wabnitz 2020a, Kapitel 2.3.1), oder in dem folgendem:

**Beispiel** „(OLG Hamm, Beschluss vom 22.10.2020, 5 RVs 83/20 und 5 Ws 279/20; kritisch dazu: Mörsberger, ZKJ 2/2021, 52–61)", mit dem eine Mitarbeiterin des Allgemeinen Sozialen Dienstes des Jugendamts wegen **fahrlässiger Tötung durch Unterlassen** zu einer Geldstrafe **verurteilt** wurde – mit der Begründung, dass sie der ihr obliegenden **Garantenpflicht nicht nachgekommen** sei. Aufgrund einer massiven Unterernährung des betroffenen Kindes lag objektiv eine dringende und erkennbare Kindeswohlgefährdung vor, und die Angeklagte hatte eine Garantenstellung als Beschützergarantin aus bereits bestehender tatsächlicher Schutzübernahme, nämlich aufgrund bereits vorangegangenem Tätigwerden. Die Angeklagte hatte nach Überzeugung des Gerichts die nach § 8a Abs. 1 S. 1 SGB VIII sodann gebotene Einschätzung des Gefährdungsrisikos pflichtwidrig unterlassen und keine zeitnah gebotenen Maßnahmen ergriffen, sodass das Kind zu Tode gekommen war.

## Literaturhinweise

**DIEBALL,** Heike et al. 2019: Basiswissen Aufsichtspflicht. Hannover.

**FISCHER,** Markus et al. 2019: Grundkurs Berufsrecht für die Soziale Arbeit. München.

**KIEVEL,** Winfried et al. 8 2018: Recht für soziale Berufe. Köln.

**MÖRSBERGER,** Thomas, „Ein Bärendienst für den Kinderschutz". Zur Entscheidung des OLG Hamm vom 22.10.2020 im Strafverfahren gegen eine Jugendamtsmitarbeiterin, ZKJ 2/2021, 52–61.

**SCHLEICHER,** Hans 15 2020: Jugend- und Familienrecht. München

**TRENCZEK,** Thomas et al. 8 2018: Grundzüge des Rechts. München.

**WABNITZ,** Reinhard Joachim 2019b: Kapitel 9 Die zivilrechtliche Aufsichtspflicht, S. 88–98, sowie Kapitel 10 Die strafrechtliche Aufsichtspflicht, S. 99–109, in: Fischer, Markus et al. 2019: Grundkurs Berufsrecht für die Soziale Arbeit. München.

**WABNITZ,** Reinhard Joachim 5 2020b: Grundkurs Recht für die Soziale Arbeit. München.

# 12. Wichtige Aspekte des Arbeitsrechts

## 12.1 Einführung in das Arbeitsrecht

### 12.1.1 Das Arbeitsrecht als ein besonderes Recht für Arbeitnehmerinnen/Arbeitnehmer und Arbeitgeber

Das Arbeitsrecht hat eine große Bedeutung im gesamten Feld des Arbeitslebens, auch im Bereich von Kindheitspädagogik, Familienbildung und Sozialer Arbeit. Zugleich ist es ein sehr umfangreiches Rechtsgebiet, das in den Details nur von „Spezialisten" überschaut wird. Im Rahmen dieses Werkes kann nur auf einige wichtige Aspekte eingegangen werden, die für Kindheitspädagogik und Familienbildung von besonderer Relevanz sind.

Das Arbeitsrecht wird häufig als **„Sonderrecht der Arbeitnehmer"** (Reinhardt/Klose 2020, Kapitel 1, am Anfang) bezeichnet. Dies ist es sicherlich – aber nicht nur. Denn es betrifft gleichermaßen die Arbeitgeber sowie viele Institutionen des Privatrechts wie des öffentlichen Rechts. Wesentliches Ziel des Arbeitsrechts ist es, einen angemessenen Ausgleich zwischen den Interessen von Arbeitgebern und Arbeitnehmerinnen/Arbeitnehmern zu schaffen. Grundsätzlich untergliedert sich das Arbeitsrecht in zwei große Teilbereiche:

- das **Individualarbeitsrecht**, das die Rechte und Pflichten der einzelnen Arbeitnehmerinnen/Arbeitnehmer und Arbeitgeber in Bezug auf ein konkretes, individuelles Arbeitsverhältnis zum Gegenstand hat; nur darauf wird im Rahmen dieses Buches näher eingegangen; sowie
- das **kollektive Arbeitsrecht**, das die Rechte und Pflichten bestimmter arbeitsrechtlich relevanter Gruppen regelt, z.B. von Tarifpartnern (Gewerkschaften und Arbeitgeberverbänden) oder von Betriebsräten. Hierzu gehören z.B. das Tarifvertragsrecht, das Betriebsverfassungsrecht oder das Arbeitskampfrecht.

Das Arbeitsrecht ist seit Langem als ein **eigenes Rechtsgebiet** anerkannt. Gleichwohl ist es bis heute nicht gelungen, ein einheitliches „Arbeitsgesetzbuch" zu schaffen. Dies hängt mit den sehr unterschiedlichen Interessenlagen der Beteiligten, aber auch mit rechtssystematischen Schwierigkeiten zusammen. Denn es geht im Arbeitsrecht sowohl um **Zivilrecht** als auch um **öffentliches Recht**. Das Arbeitsrecht ist in weiten Teilen „besonderes Zivilrecht“, das teilweise im BGB geregelt ist (vgl. §§ 611a ff. BGB), teilweise aber auch in eigenständigen Gesetzen des Zivilrechts, z.B. im Kündigungsschutzgesetz (KSchG). Zum Arbeitsrecht gehören außerdem zahlreiche öffentlich-rechtliche Gesetze, etwa zum Arbeitsschutz, zur Beschäftigung schwerbehinderter Arbeitnehmer/innen, zum hoheitlichen Einschreiten von Behörden (beispielsweise der Gesundheits-, der Integrations- oder der Gewerbeaufsichtsämter). Schließlich gibt es für das Arbeitsrecht eine eigenständige Gerichtsbarkeit: die **Arbeitsgerichtsbarkeit** (als besondere Zivilgerichtsbarkeit) nach dem Arbeitsgerichtsgesetz (ArbGG).

### 12.1.2 Rechtsquellen des Arbeitsrechts

Dementsprechend unterschiedlich und differenziert stellen sich die Rechtsquellen des Arbeitsrechts dar. Im Sinne einer **„Rechtsquellenhierarchie“** gibt es (vgl. Fischer 2019, Kapitel 1.2; Reinhardt/Klose 2020, Kapitel 1.1; Wöhrlen/Kokemoor 2019, Erster Teil Einführung V.):

- **Das deutsche Verfassungsrecht.** Unmittelbare Geltung beansprucht Art. 9 Abs. 3 Satz 1 GG mit der Gewährleistung der „Koalitionsfreiheit“ (sowohl für den Bereich der Arbeitgeber- als auch der Arbeitnehmerseite und mit deren Recht zur Aushandlung der Arbeits- und Wirtschaftsbedingungen). Von Bedeutung für das Arbeitsleben sind auch die meisten anderen Grundrechte, insbesondere Art. 12 GG (Berufs- und Berufsausübungsfreiheit) und Art. 14 GG (Gewährleistung von Eigentum und Erbrecht).
- **Das Recht der Europäischen Union.** Weite Teile des Wirtschaftsrechts sind heute EU-Recht. Wichtig sind insbesondere die Freizügigkeit nach Art. 45 des Vertrages über die Arbeitsweise der Europäischen Union (AEUV) und das Verbot der Entgeltdiskriminierung gemäß Art. 157 AEUV; danach darf beim Arbeitsentgelt nicht in Bezug auf das Geschlecht der Ar-

beitnehmerinnen und Arbeitnehmer unterschieden werden. Außerdem gibt es zahlreiche EU-Richtlinien zum Arbeitsvertragsrecht und zum Arbeitsschutz (siehe Nachweise bei Reinhardt/Klose 2020, Kapitel 1.1.1).

- **Deutsche Gesetze und Rechtsverordnungen.** Bei den zahlreichen deutschen Gesetzen und Rechtsverordnungen gibt es solche zwingender (also unabdingbarer) sowie dispositiver (also z.B. durch Arbeitsvertrag abänderbarer) Vorschriften. Besonders wichtige Regelungen enthalten das BGB, vor allem in den §§ 611a ff. BGB über das Arbeitsvertragsrecht; ferner: das Allgemeine Gleichbehandlungsgesetz (AGG); die Gewerbeordnung; das Teilzeit- und Befristungsgesetz; das Bundesurlaubsgesetz; das Entgeltfortzahlungsgesetz; das Kündigungsschutzgesetz sowie das SGB IX (Rehabilitation und Teilhabe von Menschen mit Behinderungen); das Jugendarbeitsschutzgesetz; das Mutterschutzgesetz; das Arbeitszeitgesetz; das Tarifvertragsgesetz; das Betriebsverfassungsgesetz und das Arbeitsgerichtsgesetz. Außerdem gibt es zahlreiche Regelungen für bestimmte Gruppen von Arbeitnehmerinnen und Arbeitnehmern, etwa im Handelsgesetzbuch, im Berufsbildungsgesetz oder im Altenpflegegesetz.
- **Tarifverträge der Tarifvertragsparteien** auf überörtlicher Ebene. Tarifverträge sind sog. Kollektivvereinbarungen, d.h. Verträge zwischen den Tarifpartnern, zumeist den Gewerkschaften und den Arbeitgeberverbänden. Gerade im Bereich von Kindheitspädagogik und Sozialer Arbeit spielen Tarifverträge eine große Rolle, denn dort werden die **Rahmenbedingungen** für die individuellen Arbeitsverträge bis hin zu den Eingruppierungen etc. geregelt. Eine Fachgewerkschaft für die Soziale Arbeit ist der Deutsche Berufsverband für Soziale Arbeit e.V. (DBSH). Ein wichtiger Tarifvertrag für die Kindheitspädagogik und Soziale Arbeit ist der Tarifvertrag für den öffentlichen Dienst – TVöD – Sozial- und Erziehungsdienst.
- **Betriebsvereinbarungen** und **Dienstvereinbarungen** auf örtlicher Ebene oder auf der Ebene eines Betriebes. Gleichsam als „Parallelinstitut“ (Reinhardt/Klose 2020, Kapitel 1.1.6) zu den

Tarifverträgen auf überörtlicher Ebene gibt es Betriebsvereinbarungen und Dienstvereinbarungen auf örtlicher Ebene, die nur einzelne Betriebe, Unternehmen oder Konzerne betreffen. Vertragspartner solcher Vereinbarungen sind die einzelnen Arbeitgeber und der jeweilige Betriebsrat oder Gesamt- oder Konzernbetriebsrat.

- **Arbeitsverträge** für einzelne oder für eine Mehrzahl von Arbeitnehmerinnen und Arbeitnehmer. Die bedeutendste Vereinbarung für die einzelnen Arbeitnehmerinnen und Arbeitnehmer stellt in der Regel der mit ihnen individuell abgeschlossene Arbeitsvertrag dar; siehe dazu Näheres unten in Kapitel 12.2 und 12.3.
- **„Betriebliche Übungen“.** Eine sog. „betriebliche Übung“ kann etwa in Bezug auf Leistungen des Arbeitgebers, aber auch hinsichtlich von Pflichten und Rechten von Arbeitnehmerinnen und Arbeitnehmern bestehen, die nicht ausdrücklich im Arbeitsvertrag geregelt worden sind. Dies gilt z.B. im Bereich freiwilliger Zusatzleistungen durch Arbeitgeber wie Gratifikationen, Mittagessen u.a.
- **Weisungen von Arbeitgeberinnen und Arbeitgebern.** Deren Weisungs- oder Direktionsrecht ergibt sich aus § 611a Abs. 1 Satz 2 BGB und § 106 der Gewerbeordnung, aber auch ganz allgemein aus dem Wesen des Arbeitsverhältnisses, das durch die persönliche Abhängigkeit von Arbeitnehmerinnen und Arbeitnehmern und deren Eingliederung in den Betrieb gekennzeichnet ist. Das Direktionsrecht erstreckt sich auf die Durchführung des Arbeitsverhältnisses, also auf den Inhalt sowie auf Zeit und Ort der konkreten Tätigkeit von Arbeitnehmerinnen und Arbeitnehmern (Reinhardt/Klose 2020, Kapitel 1.1.10).

### 12.1.3 Staatliches und kirchliches Arbeitsrecht

Neben den vielfältigen staatlichen Rechtsquellen existiert darüber hinaus noch kirchliches Arbeitsrecht (Trenczek et al. 2018, Kapitel V-3.2), insbesondere der Katholischen Kirche und der Evangelischen Kirchen in Deutschland mit Blick auf diese selbst und die ihnen angeschlossenen Wohlfahrtsverbände Caritas und Diakonie.

Dies ist auch für die Kindheitspädagogik, die Familienbildung und Soziale Arbeit von großer Bedeutung, da dort jeweils mehrere 100.000 hauptamtliche Mitarbeiterinnen und Mitarbeiter beschäftigt sind. Rechtsgrundlage für ein solches eigenständiges kirchliches Arbeitsrecht ist Art. 140 GG i.V.m. Art. 137 Abs. 3 Satz 1 der Weimarer Reichsverfassung („Jede Religionsgesellschaft ordnet und verwaltet ihre Angelegenheiten selbständig innerhalb der Schranken des für alle geltenden Gesetzes.")

Die Arbeitsbedingungen für die kirchlichen Arbeitnehmerinnen und Arbeitnehmer werden durch eigene kirchliche arbeitsvertragliche Richtlinien **(AVR)** bestimmt. Die darauf beruhende Schaffung eines Arbeitsvertragsrechts durch kirchliche Kommissionen statt durch einen Gesetzgebungsakt oder durch Tarifvertrag wird auch als Prinzip des **„Dritten Weges"** bezeichnet. Auf dieser Grundlage werden auch die Arbeitsverträge für die einzelnen dort beschäftigten Arbeitnehmerinnen und Arbeitnehmer gestaltet (Fischer 2019, Kapitel 1.3; Kievel et al. Kapitel 20 B. II). Darüber hinaus gibt es eigenständige kirchliche Datenschutzgesetze u. a. Im Folgenden wird jedoch nur noch auf das staatliche Arbeitsrecht eingegangen.

## 12.2 Das Arbeitsverhältnis und der Arbeitsvertrag

### 12.2.1 Anbahnung des Arbeitsverhältnisses

Der Arbeitsvertrag und das individuelle Arbeitsverhältnis bestehen in der Regel zwischen einzelnen Arbeitnehmerinnen/Arbeitnehmern und Arbeitgebern. **Arbeitnehmer/in** ist grundsätzlich, wer aufgrund eines privatrechtlichen Vertrages zur Leistung von weisungsgebundener, unselbstständiger und fremdbestimmter Arbeit gegen Entgelt im Dienste eines anderen (Arbeitgeber) verpflichtet ist (Reinhardt/Klose 2020, Kapitel 1.2.1; Wörlen/Kokomoor 2019, 1. Kapitel I.1.). **Arbeitgeber/in** ist, wer mindestens eine Arbeitnehmerin oder einen Arbeitnehmer beschäftigt (a. a. O. Kapitel 1.2.2; a. a. O. Kapitel II.9). Auf Besonderheiten etwa im öffentlichen Dienst, insbesondere mit Blick auf Beamtinnen und Beamte, wird hier nicht eingegangen.

Arbeitsverhältnisse sind typischerweise auf Stellenangebote in einschlägigen Publikationsorganen (Zeitungen, Zeitschriften, Internetportalen etc.), aber auch auf sog. „Initiativbewerbungen" von Interessierten zurückzuführen. In diesem Zusammenhang spielt das **Fragerecht des Arbeitgebers im Vorstellungsgespräch** häufig eine besondere Rolle. Der Arbeitgeber darf der Bewerberin oder dem Bewerber – auch in den Bereichen Kindheitspädagogik, Familienbildung oder Soziale Arbeit – grundsätzlich nur Fragen stellen, an denen er im Hinblick auf den zu besetzenden Arbeitsplatz ein berechtigtes Interesse hat, also z. B. Fragen nach der fachlichen Qualifikation, dem beruflichen Werdegang oder der zuletzt ausgeübten Tätigkeit (Einzelheiten bei Fischer 2019, Kapitel 2.1.2; Kievel et al. 2018, Kapitel 20, C 12; Trenczek et a. 2018, Kapitel V-3.4.1).

**Beispiele** für zulässige („ja") oder unzulässige Fragen („nein") an eine 30-jährige, ledige Kindheitspädagogin mit zehnjähriger Berufserfahrung im Bewerbungsgespräch betreffend eine Leitungsstelle in einer städtischen Kindertagesstätte:

- Sind Sie schwanger? (nein)
- Fühlen Sie sich rein privat mehr zu Männern oder zu Frauen hingezogen? (nein)
- Sind Sie Mitglied in einer Gewerkschaft? (nein)
- Haben Sie schwere Krankheiten, die einem Einsatz auf der Leitungsstelle entgegenstehen? (ja)
- Gehören Sie einer Religionsgemeinschaft an, ggf. welcher? (nein; ja bei kirchlichen Einrichtungen oder deren Wohlfahrtsverbänden)
- Sind Sie vorbestraft? (nein, wenn die Strafe im Bundeszentralregister getilgt ist; ja, wenn die Beantwortung der Frage für die angestrebte Tätigkeit von Bedeutung ist; ja bei Verurteilungen wegen Sexualdelikten nach §§ 171 ff. StGB; hier auch Tätigkeitsausschluss im Bereich der Kinder- und Jugendhilfe gemäß § 72a SGB VIII!).

Fragebögen, die allgemeine Fragen des Arbeitsverhältnisses berühren, sind grundsätzlich ebenso zulässig wie Assessment-Auswahlverfahren. Im Übrigen ist in Bezug auf die wahrheitsgemäße Beantwortung von Fragen zwischen dem Interesse des Arbeitgebers an einer bestmöglichen Stellenbesetzung und dem Interesse der Bewerberin oder des Bewerbers an der Wahrung ihrer Persönlichkeitsrechte abzuwägen (Fischer, a.a.O.).

Eine wichtige Rolle spielt in diesem Zusammenhang auch das **Allgemeine Gleichbehandlungsgesetz** (AGG). Danach dürfen keine Fragen gestellt werden, welche die Herkunft, das Geschlecht, die Religion, die Behinderung, das Alter oder die sexuelle Identität in diskriminierender Weise berühren und nicht in Bezug zum erstrebten Arbeitsplatz stehen (§§ 8 ff. AGG). Gleiches gilt für die Ablehnung von Bewerberinnen oder Bewerbern (Kievel et al., a.a.O.)

### 12.2.2 Der Abschluss des Arbeitsvertrages

Der Arbeitsvertrag ist ein besonderer Dienstvertrag für weisungsabhängige Arbeitnehmer/innen, für die zunächst das Dienstvertragsrecht des BGB (§§ 611 ff. BGB) gilt. Der Arbeitsvertrag wird im BGB wie folgt definiert:

> „§ 611a Arbeitsvertrag
>
> (1) Durch den Arbeitsvertrag wird der Arbeitnehmer im Dienste eines anderen zur Leistung **weisungsgebundener, fremdbestimmter Arbeit in persönlicher Abhängigkeit** verpflichtet. Das Weisungsrecht kann Inhalt, Durchführung, Zeit und Ort der Tätigkeit betreffen. Weisungsgebunden ist, wer nicht im Wesentlichen frei seine Tätigkeit gestalten und seine Arbeitszeit bestimmen kann. Der Grad der persönlichen Abhängigkeit hängt dabei auch von der Eigenart der jeweiligen Tätigkeit ab. Für die Feststellung, ob ein Arbeitsvertrag vorliegt, ist eine Gesamtbetrachtung aller Umstände vorzunehmen. Zeigt die tatsächliche Durchführung des Vertragsverhältnisses, dass es sich um ein Arbeitsverhältnis handelt, kommt es auf die Bezeichnung im Vertrag nicht an.
> (2) Der Arbeitgeber ist zur Zahlung der vereinbarten Vergütung verpflichtet.“

Was inhaltliche Aspekte des Arbeitsvertrages anbelangt, besteht auf der Basis der grundsätzlichen **Vertragsfreiheit** nach dem BGB prinzipiell ein weites Feld für deren Gestaltung. Soweit allerdings ein **Tarifvertrag** Anwendung findet, beschränken sich die Angaben im Arbeitsvertrag üblicherweise auf den Beginn des Arbeitsverhältnisses, die Art der Tätigkeit und die Vergütung bzw. Vergütungsgruppe; im Übrigen wird häufig lediglich auf den Tarifvertrag verwiesen – z.B. im Bereich des öffentlichen Dienstes auf den Tarifvertrag für den öffentlichen Dienst (TVöD). Allerdings gibt es neben den traditionellen unbefristeten Vollzeit-Arbeitsverträgen zunehmend auch andere Vertragsgestaltungen (kritisch dazu Trenczek et al. 2018, V-3.4.3.) wie z.B. (vgl. Kievel et al. 2020, Kapitel 20, D II; Reinhardt/Klose 2020, Kapitel 2.2):

- Teilzeit-Beschäftigungsverhältnisse
- Zeitarbeitsverhältnisse
- von vornherein befristete Arbeitsverhältnisse
- vorgeschaltete befristete Probearbeitsverhältnisse
- Leiharbeitsverhältnisse
- Verhältnisse mit geringfügiger Beschäftigung oder vergleichsweise niedriger Entlohnung

Der Arbeitsvertrag wird nach den allgemeinen Regelungen der §§ 145 ff. BGB abgeschlossen, nämlich aufgrund einer entsprechenden Einigung von Arbeitgeber und Arbeitnehmerin/Arbeitnehmer (Angebot und Annahme) hinsichtlich aller wesentlichen Vertragsbestandteile. Die im Grundsatz bestehende **Vertragsfreiheit** ist – im Rahmen der zahlreichen (!) genannten Gesetze – durch die allgemeine Handlungsfreiheit nach Art. 2 Abs. 1 GG auch verfassungsrechtlich geschützt; dies gilt bei Beachtung des AGG grundsätzlich auch mit Blick auf die Entscheidung, ob und mit wem man einen Arbeitsvertrag abschließen will (Fischer 2020, Kapitel 2.2.1).

### 12.2.3 Die Beendigung des Arbeitsverhältnisses

Es gibt vielgestaltige Arten der Beendigung von Arbeitsverhältnissen, u.a.

- durch Fristablauf bei zulässigerweise befristeten Arbeitsverhältnissen,
- aufgrund eines einvernehmlichen Aufhebungsvertrages betreffend den Arbeitsvertrag,
- durch fristlose Kündigung aus wichtigem Grund gemäß §§ 626, 627 BGB (insbesondere bei Unzumutbarkeit der Fortsetzung des Vertragsverhältnisses),
- durch ordentliche Kündigung,
- durch arbeitsgerichtliche Entscheidung gemäß § 9 Kündigungsschutzgesetz
- oder durch Tod der Arbeitnehmerin oder des Arbeitnehmers.

Mit Blick auf die **ordentliche Kündigung** von Arbeitsverhältnissen ist gemäß § 623 BGB (wie bei einem Auflösungsvertrag) die Schriftform erforderlich. Das Arbeitsverhältnis kann vonseiten der Arbeitnehmerin oder des Arbeitnehmers gemäß § 622 Abs. 1 BGB mit einer Frist von vier Wochen zum Fünfzehnten oder zum Ende eines Kalendermonats gekündigt werden. Für eine Kündigung durch den Arbeitgeber gelten deutlich längere, zeitlich gestaffelte **Kündigungsfristen** je nach Dauer der Betriebs- oder Unternehmenszugehörigkeit gemäß § 622 Abs. 2 bis 5 BGB.

## 12.3 Pflichten und Haftung im Arbeitsverhältnis

### 12.3.1 Pflichten des Arbeitgebers

Allgemein wird zwischen Hauptpflichten und Nebenpflichten des Arbeitgebers unterschieden (im Einzelnen: Kievel et al. 2018, Kapitel 20 E; Trenczek et al. 2018, Kapitel V-3.3.5; Wöhrlen/Kokemoor 2019, 4. Kapitel). Insbesondere ist der Arbeitgeber **(Hauptpflicht)** gemäß §§ 611a, 612 BGB zur vereinbarten oder sich aus einem Tarifvertrag ergebenden Lohn- oder Gehaltszahlung verpflichtet, ggf. zu weiteren Zahlungen wie Sonderzuwendungen, Lohnzuschlägen, Weihnachtsgeld, Urlaubsgeld, Jubiläumsgeld, Zulagen etc. Darüber hinaus gibt es zahlreiche **Nebenpflichten** aus dem Arbeitsverhältnis wie z. B. (vgl. Reinhardt/Klose 2020, Kapitel 3.5; Wöhrlen/Kokemoor a. a. O.):

- die Beschäftigungspflicht
- die Fürsorgepflicht (vgl. auch §§ 617 ff. BGB)
- die Gleichbehandlungspflicht
- Pflicht zur Gewährung von Urlaub und Urlaubsentgelt nach dem Arbeitsvertrag oder Tarifvertrag
- die Pflicht zur Abführung von Steuern und Sozialabgaben
- die Pflicht zum Schutz von Leben und Gesundheit des Arbeitnehmers nach den §§ 617 ff. BGB, aber auch nach verschiedenen anderen Schutzgesetzen wie z.B. dem Arbeitszeitgesetz, dem Jugendarbeitsschutzgesetz oder dem Mutterschutzgesetz
- weitere Schutzpflichten nach § 618 BGB
- die Pflicht zur Entgeltfortzahlung bei unverschuldeter Krankheit nach dem Entgeltfortzahlungsgesetz
- die Pflicht zum Schutz von persönlichen Belangen des Arbeitnehmers etwa im Bereich des Datenschutzes
- die Pflicht zur Sorge für eingebrachte Sachen und das Vermögen des Arbeitnehmers
- die Pflicht zur Urlaubsgewährung nach dem Arbeitsvertrag, Tarifvertrag oder nach dem Bundesurlaubsgesetz
- die Pflicht zur betrieblichen Altersversorgung, die in zahlreichen Gesetzen geregelt ist
- die Pflicht zur Zeugniserteilung

### 12.3.2 Pflichten von Arbeitnehmerinnen und Arbeitnehmern

Auch bei den Pflichten von Arbeitnehmerinnen und Arbeitnehmern wird allgemein zwischen Hauptpflichten und Nebenpflichten unterschieden (im Einzelnen: Kievel et al. 2018, Kapitel 20 E; Trenczek et al. 2018, Kapitel V-3.3.5; Wöhrlen/Kokemoor 2019, 3. Kapitel). Die vorrangige **Hauptpflicht** der Arbeitnehmerin oder des Arbeitnehmers ist es, die im Arbeitsvertrag vereinbarte Arbeitsleistung persönlich und ordnungsgemäß zu erbringen. Ordnungsgemäß ist die Erbringung der Arbeitsleistung, wenn sie in der richtigen Art und Weise, am richtigen Ort und zur rechten Zeit erbracht wird (Reinhardt/Klose 2020, Kapitel 3.2; Wöhrlen/Kokemoor 2019,

3. Kapitel I. 1.), ggf. nach näherer Bestimmung durch das Weisungs- und Direktionsrecht des Arbeitgebers. Ebenso wie der Arbeitsort wird die Arbeitszeit grundsätzlich vertraglich vereinbart. Allerdings gelten hier die Sondervorschriften des Arbeitszeitgesetzes sowie ggf. des Jugendarbeitsschutzgesetzes, des Mutterschutzgesetzes, des Sozialgesetzbuches IX (Rehabilitation und Teilhabe von Menschen mit Behinderungen) und des Sozialgesetzbuches III (Arbeitsförderung; u. a die Regelungen für die Kurzarbeit in den §§ 95 ff. SGB III). **Nebenpflichten** von Arbeitnehmerinnen und Arbeitnehmern sind insbesondere:

- die allgemeine Treuepflicht, die sich bereits aus den §§ 241 Abs. 2 und 242 BGB ergibt
- Mitteilungspflichten z. B. mit Blick auf erkannte Anzeichen einer bevorstehenden Betriebsstörung oder gravierender rechtswidriger Verhaltensweisen anderer
- die Verschwiegenheitspflicht mit Blick auf alle Geschäfts- und Betriebsgeheimnisse
- die Unterlassung von Wettbewerbstätigkeiten dergestalt, dass ein Arbeitnehmer oder eine Arbeitnehmerin weder für ein Konkurrenzunternehmen noch selbst auf eigene Rechnung in einem Konkurrenzverhältnis tätig werden darf
- die Unterlassung von Schmiergeldannahmen

### 12.3.3 Haftung im Arbeitsverhältnis

Kommt es mit Blick auf die vielfältigen, unter 12.3.1 und 12.3.2 dargestellten Pflichten von Arbeitgebern bzw. Arbeitnehmerinnen/Arbeitnehmern zu sog. **„Leistungsstörungen“** – werden also bestimmte Pflichten ganz oder teilweise nicht erfüllt, kann dies zu zahlreichen rechtlichen Konsequenzen einseitiger oder wechselseitiger Art führen, die hier lediglich angerissen werden können (vgl. eingehend Reinhardt/Klose 2020, Kapitel 3; Wöhrlen/Kokemoor 2019, Kapitel IV.3 und Kapitel IV.4):

- Bei Verletzung der Lohn- oder Gehaltszahlungspflicht des Arbeitgebers kann der Arbeitnehmer oder die Arbeitnehmerin auf Vertragserfüllung und Lohn- bzw. Gehaltszahlung klagen.

- Bei schuldhafter Verletzung von Nebenpflichten durch den Arbeitgeber kommen Schadenersatzansprüche der Arbeitnehmerin oder des Arbeitnehmers in Betracht.
- Bei schuldhafter Nichtleistung der Arbeit durch den Arbeitnehmer oder die Arbeitnehmerin kann der Arbeitgeber entweder beim Arbeitsgericht auf Erfüllung klagen oder die Zahlung der Vergütung verweigern, bis der Arbeitnehmer oder die Arbeitnehmerin die Arbeitsleistung erbringt.
- Für den Fall der Schlechterbringung der Arbeitsleistung durch den Arbeitnehmer oder die Arbeitnehmerin können diese wegen Pflichtverletzung haften.
- Allerdings gibt es Fälle einer Beschränkung der Haftung gegenüber dem Arbeitgeber, etwa bei nur sehr leichten Unaufmerksamkeiten u.a. Auch gibt es Haftungsbeschränkungen bei sog. gefahr- oder schadensgeneigten Tätigkeiten – bei einer auf die jeweilige Situation bezogenen Betrachtungsweise. Auch kann die Haftung begrenzt sein bei Mitverschulden anderer oder beim sog. „innerbetrieblichen Schadensausgleich", und zwar bei betrieblich veranlasster Tätigkeit, bei der das Betriebsrisiko des Arbeitgebers quasi auf die Arbeitnehmerin oder den Arbeitnehmer „abgewälzt" worden ist (dazu Fischer 2019, Kapitel 5.1.3).

Möglich ist auch eine **Haftung gegenüber Dritten**, etwa gegenüber Kolleginnen und Kollegen, oder gegenüber nicht zum Betrieb gehörigen Dritten (Fischer 2019, Kapitel 5.2.2).

**Beispiele:** Eine Mitarbeiterin in einer Kindertagesstätte stößt grob fahrlässig das Handy der Mutter eines betreuten Kindes von einem Tisch, sodass dieses zerstört wird, oder beschädigt während einer Dienstfahrt das Auto eines Dritten, sodass dessen Fahrerin verletzt wird. (Allerdings haften hier vorrangig zumeist die Arbeitgeber.)

Haftungsfragen können sich schließlich auch dann stellen, wenn Kindheitspädagogen/innen oder Sozialarbeiter/innen im Rahmen ihrer betrieblich veranlassten Tätigkeit **selbst einen Schaden** erleiden, insbesondere bei **Arbeitsunfällen** (dazu Fischer 2019, Kapitel 5.3). **Personenschäden** werden regelmäßig durch die gesetzliche Unfallversicherung nach dem SGB VII finanziell getragen. Der Ersatz von Schäden an eigenen Sachen der Arbeitnehmerin oder des Arbeitnehmers **(Sachschäden)** durch den Arbeitgeber ist von diesem bei dessen Verschulden nach den allgemeinen Regelungen des BGB (§§ 280 ff., 823 ff. BGB) zu ersetzen, ohne dessen Verschulden ggf. bei außergewöhnlichen Schäden (Näheres dazu Fischer 2019, Kapitel 5.3.1 und 5.3.2).

## Literaturhinweise

**FISCHER,** Markus 2019: Kapitel 1 Einführung in das Arbeitsrecht, S. 17 bis 24; Kapitel 2 Die Begründung des Arbeitsverhältnisses, S. 25 bis 34; Kapitel 3 Arbeitsverhältnisse, Rechte und Pflichten, S. 35 bis 42; Kapitel 4 Die Beendigung des Arbeitsverhältnisses, S. 43 bis 53, in: Fischer, Markus et al. 2019: Grundkurs Berufsrecht für die Soziale Arbeit. München.

**FISCHER,** Markus et al. 2019: Grundkurs Berufsrecht für die Soziale Arbeit. München.

**KIEVEL,** Winfried et al. 8 2018: Recht für soziale Berufe. Basiswissen kompakt. Köln.

**REINHARDT,** Jörg/Klose, Daniel 2020: Grundkurs Arbeitsrecht für die Soziale Arbeit. München

**TRENCZEK,** Thomas et al. 8 2018: Grundzüge des Rechts. Studienbuch für soziale Berufe. München.

**WÖHLEN,** Rainer/Axel Kokemoor 13 2019: Arbeitsrecht. Lernbuch – Strukturen – Übersichten. Köln, Berlin, München.

# Rechtsquellen

## Bundesrecht (Auswahl)

**Achtes Buch Sozialgesetzbuch – SGB VIII** (Kinder- und Jugendhilfe) vom 26.06.1990 (BGBl. I, S. 1163) in der Fassung der Bekanntmachung vom 11.09.2012 (BGBl. I, S. 2022), zuletzt geändert durch Gesetz vom 12.02.2021 (BGBl. I, S. 226)

Adoptionsvermittlungsgesetz **(AdVermiG)** vom 02.07.1976, in der Fassung der Bekanntmachung vom 22.12.2001 (BGBl. 2002 I, S. 354), zuletzt geändert durch Gesetz vom 22.11.2019 (BGBl. I, S. 1752)

Allgemeines Gleichbehandlungsgesetz **(AGG)** vom 14.08.2006 (BGBl. I, S. 1897), zuletzt geändert durch Gesetz vom 03.04.2013 (BGBl. I, S. 610)

Arbeitszeitgesetz **(ArbZG)** vom 06.06.1994 (BGBl. I, S. 1170, 1171), zuletzt geändert durch Gesetz vom 27.03.2020 (BGBl. I, S. 575)

Bundesausbildungsförderungsgesetz **(BAföG)** vom 26.08.1971 in der Fassung der Bekanntmachung vom 07.12.2010 (BGBl. I, S. 1952; 2012 I, S. 197), zuletzt geändert durch Gesetz vom 14.12.2019 (BGBl. I, S. 2789)

Berufsbildungsgesetz **(BBiG)** in der Fassung der Bekanntmachung vom 04.05.2020 (BGBl. I, S. 920),

Bundeselterngeld- und Elternzeitgesetz **(BEEG)** vom 05.12.2006, in der Fassung der Bekanntmachung vom 27.01.2015 (BGBl. I, S. 33), zuletzt geändert durch Gesetz vom 12.12.2019 (BGBl. I, S. 2451)

Bürgerliches Gesetzbuch **(BGB)** vom 18.08.1896 in der Fassung der Bekanntmachung 02.01.2002 (BGBl. I, S. 42, 2909; 2003 I, S. 738), zuletzt geändert durch Gesetz vom 21.12.2020 (BGBl. I, S. 3229)

**Betriebsverfassungsgesetz** in der Fassung der Bekanntmachung vom 25.09.2001 (BGBl. I, S. 2518), zuletzt geändert durch Gesetz vom 20.05.2020 (BGBl. I, S. 1044)

Bundeskindergeldgesetz **(BKGG)** vom 11.10.1995, in der Fassung der Bekanntmachung vom 28.01.2009 (BGBl. I, S. 142, 3177), zuletzt geändert durch Gesetz vom 12.12.2019 (BGBl. I, S. 2451)

Einführungsgesetz zum Bürgerlichen Gesetzbuch **(EGBGB)** vom 18.08.1896, in der Fassung der Bekanntmachung vom 21.09.1994 (BGBl. I, S. 2494; 1997 I, S. 1061), zuletzt geändert durch Gesetz vom 21.12.2019 (BGBl. I, S. 2911)

**Entgeltfortzahlungsgesetz** vom 26.05.1994 (BGBl. I, S. 1014, 1065), zuletzt geändert durch Gesetz vom 22.11.2019 (BGBl. I, S. 1746)

Einkommensteuergesetz **(EStG)** vom 16.10.1934, in der Fassung der Bekanntmachung vom 08.10.2009 (BGBl. I, S. 3366, 3862), zuletzt geändert durch Gesetz vom 21.12.2019 (BGBl. I, S. 2886)

Grundgesetz für die Bundesrepublik Deutschland **(GG)** vom 23.05.1949 (BGBl., S. 1), zuletzt geändert durch Gesetz vom 29.09.2020 (BGBl. I, S. 2048)

Gerichtsverfassungsgesetz **(GVG)** vom 12.09.1950, in der Fassung der Bekanntmachung vom 09.05.1975 (BGBl. I, S. 1077), zuletzt geändert durch Gesetz vom 12.12.2019 (BGBl. I, S. 2633)

Gesetz über das Verfahren in Familiensachen und in den Angelegenheiten der freiwilligen Gerichtsbarkeit **(FamFG)** vom 17.12.2008 (BGBl. I, S. 2586, 2587), zuletzt geändert durch Gesetz vom 12.12.2019 (BGBl. I, S. 2633)

Jugendgerichtsgesetz **(JGG)**, in der Fassung der Bekanntmachung vom 11.12.1974 (BGBl. I, S. 3427), zuletzt geändert durch Gesetz vom 09.12.2019 (BGBl. I, S. 2146)

Jugendschutzgesetz **(JuSchG)** vom 23.07.2002 (BGBl. I, S. 2730, 2003, S. 476), zuletzt geändert durch Gesetz vom 10.03.2017 (BGBl. I, S. 420)

Gesetz zur Kooperation und Information im Kinderschutz **(KKG)** vom 22.12.2011 (BGBl. I, S. 2975), zuletzt geändert durch Gesetz vom 23.12.2016 (BGBl. I, S. 3234)

Kündigungsschutzgesetz **(KSchG)**, in der Fassung der Bekanntmachung vom 25.08.1969 (BGBl. I, S. 1317), zuletzt geändert durch Gesetz vom 17.07.2017 (BGBl. I, S. 2509)

Lebenspartnerschaftsgesetz **(LPartG)** vom 16.02.2001(BGBl. I, S. 266), zuletzt geändert durch Gesetz vom 18.12.2018 (BGBl. I, S. 2639)

Mutterschutzgesetz **(MuSchG)** vom 23.05.2017 (BGBl. I, S. 1228), zuletzt geändert durch Gesetz vom 12.12.2019 (BGBl. I, S. 2652)

Personenstandsgesetz **(PStG)** vom 19.02.2007(BGBl. I, S. 122), zuletzt geändert durch Gesetz vom 20.11.2019 (BGBl. I, S. 1626)

Gesetz über die religiöse Kindererziehung **(RelKErzG)** vom 15.07.1921 (RGBl., S. 939), zuletzt geändert durch Gesetz vom 17.12.2008 (BGBl. I, S. 2586, 2728)

Strafgesetzbuch **(StGB)** in der Fassung der Bekanntmachung vom 13.11.1998 (BGBl. I, S. 3322), zuletzt geändert durch Gesetz vom 20.11. 2019 (BGBl. I, S. 1626)

Teilzeit- und Befristungsgesetz **(TzBfG)** vom 21.12.2000 (BGBl. I, S. 1966), zuletzt geändert durch Gesetz vom 22.11.2019 (BGBl. I, S. 1746)

Unterhaltsvorschussgesetz **(UhVorschG)** vom 23.07.1979, in der Fassung der Bekanntmachung vom 17.07.2007 (BGBl. I, S. 1446), zuletzt geändert durch Gesetz vom 12.12.2019 (BGBl. I, S. 2451)

Versorgungsausgleichsgesetz **(VersAusglG)** vom 03.04.2009 (BGBl. I, S. 700), zuletzt geändert durch Gesetz vom 09.12.2019 (BGBl. I, S. 2053)

Verwaltungsgerichtsordnung **(VwGO)**, in der Fassung der Bekanntmachung vom 19.03.1991 (BGBl. I, S. 686), zuletzt geändert durch Gesetz vom 12.12.2019 (BGBl. I, S. 2633)

Zivilprozessordnung **(ZPO)** vom 12.09.1950, in der Fassung der Bekanntmachung vom 05.12.2005 (BGBl. I, S. 3202; 2006 I, S. 431; 2007 I, S. 1781), zuletzt geändert durch Gesetz vom 12.12.2019 (BGBl. I, S. 2633)

## Landesrecht (Auswahl)

**Bayerisches** Gesetz über das Erziehungs- und Unterrichtswesen (BayEUG), in der Fassung der Bekanntmachung vom 31.05.2000, (GVBl., S. 414, 632), zuletzt geändert durch Gesetz vom 23.12.2019 (GVBl., S. 737)

**Berliner** Gesetz zur Weiterentwicklung des bedarfsgerechten Angebotes und der Qualität von Tagesbetreuung (Kindertagesbetreuungsreformgesetz) vom 23.06. 2005 (GVBl., S. 322).

Schulgesetz für das Land **Berlin** (Schulgesetz – SchulG) vom 26.01.2004 (GVBl. 2004, 26), zuletzt geändert durch Gesetz vom 09.04.2019 (GVBl., S. 255)

Gesetz zur Ausführung des Kinder- und Jugendhilfegesetzes und zur Förderung der Beteiligung und Demokratiebildung junger Menschen **Berlin** (Jugendhilfe- und Jugendfördergesetz – AG KJHG), in der Fassung vom 27.04.2001 (GVBl. 2001, 134), zuletzt geändert durch Gesetz vom 25.09.2019 (GVBl., S. 602)

Zweites Gesetz zur Ausführung des Achten Buches Sozialgesetzbuches – Kinder- und Jugendhilfe – (Kindertagesstättengesetz – KitaG) **Brandenburg,** in der Fassung der Bekanntmachung vom 27.06.2004, S. 384), zuletzt geändert durch Gesetz vom 25.06.2020

**Bremisches** Kinder-, Jugend- und Familienförderungsgesetz (BremKJFFöG) vom 22.12.1998 (Brem.GBl., S. 351), zuletzt geändert durch Nummer 2.3 in Verbindung mit Anlage 3 der Bekanntmachung vom 02.08.2016 (Brem.GBl., S. 434, 474)

**Hamburger** Kinderbetreuungsgesetz (KibeG) vom 27.04.2004 (HmbGVBl. 2004, S. 211, zuletzt geändert durch Gesetz vom 27.11.2019 (HmbGVBl., S. 404)

Verfassung des Landes **Hessen** vom 01.12.1946 (GVBl. I, S. 229, GVBl. 1947 S. 106, 1948 S. 68), zuletzt geändert durch Gesetz vom 12.12.2018 (GVBl. I, S. 752)

**Hessisches** Kinder- und Jugendhilfegesetzbuch (HKJGB) vom 18.12.2006 (GVBl. I, S. 698), zuletzt geändert durch Gesetz vom 25.06.2020 (GVBl. I, S. 436)

Gesetz zur Förderung der Weiterbildung und des lebensbegleitenden Lernens im Lande **Hessen** (Hessisches Weiterbildungsgesetz – HWBG) vom 25. August 2001 (GVBl. I, S. 370)

Gesetz zur Förderung der Weiterbildung in **Mecklenburg-Vorpommern** (Weiterbildungsförderungsgesetz – WBFöG M-V) vom 20.05.2011 (GVOBl. M-V 2011, S. 342)

Verfassung für **Rheinland-Pfalz** vom 18.05.1947 (GVBl., S. 141), zuletzt geändert durch Gesetz vom 16.12.2005 (GVBl., S. 495)

Landesgesetz zur Ausführung des Kinder- und Jugendhilfegesetzes (AGKJHG) **Rheinland-Pfalz** vom 21.12.1993 (GVBl. 1993, S. 632), zuletzt geändert durch Gesetz vom 03.09.2019 (GVBl., S. 213)

Kindertagesstättengesetz **Rheinland-Pfalz** vom 15.03.1991, zuletzt geändert durch Gesetz vom 03.09.2019 (GVBl., S. 213)

Gesetz zur Förderung und Betreuung von Kindern in Tageseinrichtungen und in Tagespflege des Landes **Sachsen-Anhalt** (Kinderförderungsgesetz – KiFöG) vom 05.03.2003 (GVBl. LSA 2003, S. 48), zuletzt geändert durch Gesetz vom 16.01.2020 (GVBl. LSA, S. 2)

Erstes Gesetz zur Ausführung des Kinder- und Jugendhilfegesetzes **Schleswig-Holstein** (Jugendförderungsgesetz – JuFöG) vom 05.02.1992 (GVOBl. Schl.-H., S. 158), zuletzt geändert durch Gesetz vom 08.05.2020, GVOBI, S. 220)

Gesetz zur Weiterentwicklung und Verbesserung des Schutzes von Kindern und Jugendlichen in **Schleswig-Holstein** (Kinderschutzgesetz) vom 29.05.2008 (GVOBl. 2008, S. 270), zuletzt geändert durch Gesetz vom 14.12.2015 (GVOBI, S. 415)

**Thüringer** Kindergartengesetz (ThürKigaG) vom 18.12.2017 (GVBl. 2017, S. 276), zuletzt geändert durch Gesetz vom 11.06.2020 (GVBI, S. 277, 281)

# Literaturverzeichnis

Antoni, Michael (2018): Kommentierungen der Art. 1 bis 20 Grundgesetz, in: Wolff (Hg.).

Boetticher, Arne von (2019): Das neue Teilhaberecht. 2. Aufl. Baden-Baden.

Deutscher Bundestag – Wissenschaftliche Dienste (2009): Früherkennungsuntersuchungen für Kinder in Deutschland – Leistungsangebote der Gesetzlichen Krankenversicherung und landesrechtliche Regelungen zur Steigerung ihrer Inanspruchnahme (WD 9 – 3000 – 113/2009). Berlin.

Deutscher Bundestag (2013): 14. Kinder- und Jugendbericht. Bericht über die Lebenssituation junger Menschen und die Leistungen der Kinder- und Jugendhilfe in Deutschland, BT-Drucks. 17/12200 vom 30.01.2013, auch hg. als Publikation des Bundesministeriums für Familie, Senioren, Frauen und Jugend. Berlin.

Deutscher Bundestag (2017): 15. Kinder- und Jugendbericht. Bericht über die Lebenssituation junger Menschen und die Leistungen der Kinder- und Jugendhilfe, BT-Drucks. 18/11050 vom 01.02.2017, auch erschienen als Publikation des Bundesministeriums für Familie, Senioren, Frauen und Jugend. Berlin.

Dieball, Heike/Lehmann, M. Karl-Heinz/Stücke, Ulrike (2019): Basiswissen Aufsichtspflicht. Haftung und Garantenstellung in der Kinder- und Jugendhilfe – Umgang mit digitalen Medien. Herausgegeben vom Evangelischen Erziehungsverband. Hannover.

Fegert, Jörg M. (2015): Kommentar zu § 35a, Teil IV. Rz. 45 ff., in: Wiesner (Hg.), 5. Aufl. München.

Fischer, Markus (2015): UN-Kinderrechtskonvention, in: Wabnitz 2015a, Kapitel 14.

Fischer, Markus (2019): Kapitel 1 Einführung in das Arbeitsrecht, S. 17 bis 24; Kapitel 2 Die Begründung des Arbeitsverhältnisses, S. 25 bis 34; Kapitel 3 Arbeitsverhältnisse, Rechte und Pflichten, S. 35 bis 42; Kapitel 4 Die Beendigung des Arbeitsverhältnisses, S. 43 bis 53, in: Fischer, Markus et al. (2019): Grundkurs Berufsrecht für die Soziale Arbeit. München.

Fischer, Markus/Sauer, Jürgen/Wabnitz, Reinhard Joachim (2019): Grundkurs Berufsrecht für die Soziale Arbeit. München.

Fröschle, Tobias (2017): Familienrecht. 3. Aufl. Stuttgart.

Hasenclever, Christa (1978): Jugendhilfe und Jugendgesetzgebung seit 1900. Göttingen.

Heiß, Beate/Born, Winfried (Hg.) (2019): Unterhaltsrecht. Loseblatt-Handbuch, 56. Aufl. München.

Kievel, Winfried/Knösel, Peter/Marx, Ansgar/Sauer, Jürgen (2018): Recht für soziale Berufe. Basiswissen kompakt, 8. Aufl. Köln.

Kunkel, Peter/Pattar, Kurt (2018): Kommentierung von § 16 SGB VIII: in LPK-SGB VIII, 7. Aufl. Baden-Baden.

Kunkel, Peter-Christian/Kepert, Jan/Pattar, Kurt (Hg.) (2018): Sozialgesetzbuch VIII Kinder- und Jugendhilfe. Lehr- und Praxiskommentar (LPK-SGB VIII) (Hg.), 7. Aufl. Baden-Baden.

Luthe, Ernst-Wilhelm/Nellissen, Gabriele (Hg.) (2018): SGB VIII Kinder- und Jugendhilfe. jurisPK SGB VIII. 2. Aufl. Saarbrücken.

Macsenaere, Michael/Esser, Klaus/Knab, Eckhardt/Hiller, Stephan (Hg.) (2014): Handbuch der Hilfen zur Erziehung. Freiburg/Br.

Marx, Ansgar (2017): Familienrecht für soziale Berufe. 3. Aufl. Köln.

Mörsberger, Thomas, „Ein Bärendienst für den Kinderschutz". Zur Entscheidung des OLG Hamm vom 22.10.2020 im Strafverfahren gegen eine Jugendamtsmitarbeiterin, ZKJ 2/2021, 52-61.

Münder, Johannes/Meysen, Thomas/Trenczek, Thomas (Hg.) (2019): Frankfurter Kommentar zum SGB VIII: Kinder- und Jugendhilfe. 8. Aufl. Baden-Baden.

Öndül, Daniela Evrim, Kommentierungen zu den §§ 42a ff SGB VIII, in: GK-SGB VIII, Stand: 2021.

Palandt, Otto (2020): Bürgerliches Gesetzbuch. 79. Aufl. München.

Rauschenbach, Thomas/Borrmann, Stefan (2013): Arbeitsfelder der Kinder- und Jugendarbeit. Weinheim.

Reinhardt, Jörg/Klose, Daniel (2020): Grundkurs Arbeitsrecht für die Soziale Arbeit. München.

Rux, Johannes (2018): Schulrecht. 6. Aufl. München.

Sachße, Christoph (2018): Die Erziehung und ihr Recht. Vergesellschaftung und Verrechtlichung von Erziehung in Deutschland 1870 bis 1990. Weinheim Basel.

Schleicher, Hans (2020): Jugend- und Familienrecht. Ein Studienbuch. 15. Aufl. München.

Schulze, Reiner (2019): Bürgerliches Gesetzbuch. Handkommentar. 10. Aufl. Baden-Baden.

Schwab, Dieter (2020): Familienrecht. 28. Aufl. München.

Speck, Karsten (2020): Schulsozialarbeit. Eine Einführung. 4. Aufl. München.

Statistisches Bundesamt (2020a): Statistiken der Kinder- und Jugendhilfe. Einnahmen und Ausgaben der Kinder- und Jugendhilfe. Wiesbaden.

Statistisches Bundesamt (2020b): Statistiken der Kinder- und Jugendhilfe. Kinder und tätige Personen in Tageseinrichtungen und öffentlich geförderter Kindertagespflege. Wiesbaden.

Struck, Jutta (2015), Kommentierung von § 16 SGB VIII, in Wiesner, Reinhard, 5. Aufl. München.

Sünderhauf, Hildegund (2018): Kommentierung von § 16, in: Luthe, Ernst-Wilhelm/Nellissen, Gabriele (Hg.), 2. Aufl. Saarbrücken.

Tippelt, Rudolf/von Hippel, Aiga (Hg.) (2018): Handbuch Erwachsenenbildung/Weiterbildung. 6. Aufl. Wiesbaden.

Trenczek, Thomas/Düring, Diana/Neumann-Witt (2017): Inobhutnahme. Krisenintervention und Schutzgewährung durch die Jugendhilfe. 3. Aufl. München u. a.

Trenczek, Thomas/Tammen, Britta/Behlert, Wolfgang/von Boetticher, Arne (2018): Grundzüge des Rechts. Studienbuch für soziale Berufe. 8. Aufl. München.

Wabnitz, Reinhard Joachim (2005): Rechtsansprüche gegenüber Trägern der öffentlichen Kinder- und Jugendhilfe nach dem Achten Buch Sozialgesetzbuch (SGB VIII). Berlin.

Wabnitz, Reinhard Joachim (2015a): Grundkurs Bildungsrecht für Pädagogik und Soziale Arbeit. München.

Wabnitz, Reinhard Joachim (2015b): 25 Jahre SGB VIII. Die Geschichte des Achten Buches Sozialgesetzbuch von 1990 bis 2015. Berlin.

Wabnitz, Reinhard Joachim (2017): Rechtliche Rahmung von Jugend (einschließlich der Rechte von jungen Menschen) und persönliche Rechte von Jugendlichen (mit Blick auf die föderalen Ebenen und die unterschiedlichen Rechtsgebiete). Expertise, in: Materialien zum 15. Kinder- und Jugendbericht, S. 11 bis 44, DJI-Verlag München; ferner: www.dji.de/15-KJB.

Wabnitz, Reinhard Joachim (2018): Hessisches Kinder- und Jugendhilfegesetzbuch (HKJGB). Kommentar. 3. Aufl. Wiesbaden.

Wabnitz, Reinhard Joachim (2019a): Grundkurs Familienrecht für die Soziale Arbeit, 5. Aufl. München.

Wabnitz, Reinhard Joachim (2019b): Kapitel 9 Die zivilrechtliche Aufsichtspflicht, S. 88–98, sowie Kapitel 10 Die strafrechtliche Aufsichtspflicht, S. 99–109, in: Fischer, Markus et al. 2019: Grundkurs Berufsrecht für die Soziale Arbeit. München.

Wabnitz, Reinhard Joachim (2020a): Grundkurs Kinder- und Jugendhilferecht für die Soziale Arbeit, 6. Aufl. München.

Wabnitz, Reinhard Joachim (2020b): Grundkurs Recht für die Soziale Arbeit, 5. Aufl. München.

Wabnitz, Reinhard Joachim/Fieseler, Gerhard/Schleicher, Hans (Stand 2021): Gemeinschaftskommentar zum SGB VIII (GK-SGB VIII), Drei Ordner Loseblatt, Köln/Neuwied.

Wapler, Friederike (2015): Kinderrechte und Kindeswohl. Eine Untersuchung zum Status des Kindes im Öffentlichen Recht. Tübingen.

Wellenhofer, Marina (2019): Familienrecht. 3. Aufl. München.

Wiesner, Reinhard (Hg.) (2015): SGB VIII Kinder- und Jugendhilfe. Kommentar. 5. Aufl. München.

Wöhlen, Rainer/Kokemoor, Axel (2019): Arbeitsrecht. Lernbuch – Strukturen – Übersichten. 13. Aufl. Köln Berlin München.

Wolff, Heinrich Amadeus (Hg.) (2018): Grundgesetz für die Bundesrepublik Deutschland. Handkommentar. 12. Aufl. Baden-Baden.